아침의 피아노

철학자 김진영의 애도 일기

아침의 피아노

한겨레출판

김진영 선생님은 임종 3일 전 섬망이 오기 직전까지
병상에 앉아 메모장에 《아침의 피아노》의 글들을 쓰셨다.

차례

2017년

7월 010
8월 096
9월 134
10월 140
12월 154

2018년

1월 164

2월 172

3월 180

4월 188

5월 200

6월 210

7월 240

8월 270

작가의 말 281

2017년

7월

1 .

아침의 피아노. 베란다에서 먼 곳을 바라보며 피아노 소리를 듣는다. 나는 이제 무엇으로 피아노에 응답할 수 있을까. 이 질문은 틀렸다. 피아노는 사랑이다. 피아노에게 응답해야 하는 것, 그것도 사랑뿐이다.

2.

마음이 무겁고 흔들릴 시간이 없다. 남겨진 사랑들이 너무 많이 쌓여 있다. 그걸 다 쓰기에도 시간이 부족하다.

3.

지금 내게 필요한 건 병에 대한 면역력이다. 면역력은 정신력이다. 최고의 정신력은 사랑이다.

4.

슬퍼할 필요도 이유도 없다.
슬픔은 이럴 때 쓰는 것이 아니다.

5.

아침 베란다에서 거리를 내다본다. 파란색 희망 버스가 지나간다. 저 파란 버스는 오늘도 하루 종일 정거장마다 도착하고 떠나고 또 도착할 것이다.

6.

눈앞에서 문이 닫히고 모든 시끄러운 일상들이 문 뒤로 물러났다. 눈앞에 오로지 사랑의 대상들만이 남았다. 세상이 사랑의 대상들과 소란하고 무의미한 소음들의 대상들로 나뉘어 있다는 걸 알았다.

7.

내가 존경했던 이들의 생몰 기록을 들추어 본다. 그들이 거의 모두 지금 나만큼 살고 생을 마감했다는 사실을 발견한다. 내 생각이 맞았다. 나는 살 만큼 생을 누린 것이다.

8.

때아니게 툭툭 마음이 꺾인다.
가을날 마른나무처럼.

9.

이런 무기력 상태는 어리석다.
무엇이든 노동이 필요하다.

10.

이원을 회사에 데려다주고 돌아오다가 길가에 차를 세운다. 담배를 피우며 아침 풍경을 바라본다. 전철역 앞 나의 주차 장소는 텅 비어 있다. 매일 나의 낡은 차가 서 있던 곳. 나를 일상으로 떠나보내고 늦은 밤 다시 돌아오기를 기다리던 그 자리. 그 빈자리에서 마음이 또 툭 꺾인다.

11.

어떻게 모든 것들을 지킬 수 있을까.
나를 지킬 수 있을까.

12.

어젯밤 C가 문자를 보내왔다.
"선생님은 늘 말씀하셨어요. 희망 없는 곳에 희망이 있다고."

13.

분노와 절망은 거꾸로 잡은 칼이다.
그것은 나를 상처 낼 뿐이다.

14.

살아 있는 동안은 삶이다.
내게는 이 삶에 성실할 책무가 있다.

그걸 자주 잊는다.

15.

오늘은 주영이 화실 가는 날. 외출을 망설이는 등을 떠민다. 내 재촉을 못 이겨 거울 앞에 앉은 모습을 바라본다. 작고 동그란 몸. 늘 웃음을 담고 있다가 아무 때나 홍소를 터뜨려서 무거운 세상을 해맑게 깨트리는 웃음 항아리 같은 몸.
나는 이 잘 웃는 여자를 떠날 수 있을까.

16.

정신이 늘 조용한 것만은 아니다.
정신은 그래야 할 때 우렁찬 것이 되어야 한다.

17.

지금까지 내게 사랑의 본질은 감정의 영역에 국한되었던 건지 모른다. 내가 그토록 지키고자 했던 온화함, 다정함, 부드러움 등의 조용한 감정들…… 그러나 사랑은 한 단계 더 높아져서 정신이 되어야 한다. 정신으로서의 사랑. 사랑은 정신이고 그럴 때 정신은 행동한다.

18.

촬영하는 친구들을 따라와서 축령산 개울가에 앉아 있다. 현자가 말했듯 물은 다투지 않는다. 제일 낮은 곳을 제자리로 찾아 흐르기 때문이다. 물은 꿈이 크다. 가장 낮은 곳에는 드넓은 바다가 있다. 그렇게 물은 언어 없이 흐르면서 자유의 진실을 가르친다. 물소리를 들으며 생각하면 지난날도 다가올 날도 아쉽다. 그러나 아쉬움은 아쉬움일 뿐, 지금 내게 주어진 건 남겨진 시간들이다. 그 시간도 흐른다. 사는 건 늘 새로운 삶을 꿈꾸는 것이었다. 남겨진 시간, 흐르는 시간, 새로운 시간, 그 한가운데 지금 나는 또 그렇게 살아 있다.

19.

돌보지 않았던 몸이 깊은 병을 얻은 지금, 평생을 돌아보면 만들고 쌓아온 것들이 모두 정신적인 것들뿐이다. 그것들이 이제 시험대에 올랐다. 그것들이 무너지는 나의 육신을 지켜내고 병 앞에서 나 자신을 지켜낼 수 있을까. 이제 나의 정신적인 것은 스스로를 증명해야 한다. 자기가 진짜인지 가짜인지를……

20.

자꾸 사람들을 피하게 된다. 위안을 주려는 마음을 알면서도 외면하게 된다. 병을 앓는 일이 죄를 짓는 일처럼, 사람들 앞에 서면 어느 사이 마음이 을의 자세를 취하게 된다. 환자의 당당함을 지켜야 하건만……

21.

금요일.〈한겨레〉칼럼이 실리는 날이다. 표제 앞에 붙은 프로필 사진을 본다. 턱을 괴고 고개를 한쪽으로 돌려 어딘가를 바라보는 옆모습. 그런데 나는 거의 똑같은 포즈의 사진을 또 한 장 갖고 있다. 지금처럼 진지한 얼굴이 아니라 은근하게 웃고 있는 얼굴. 칼럼을 시작하면서 첫 사진을 프로필로 선택했던 건 나름의 이유가 있었다. 하지만 지금이라면 웃고 있는 표정의 사진을 택했으리라.

22.

아침 바람에 나뭇잎들이 흔들린다. 가지 끝 작은 잎들까지 조용하게 기쁘게 흔들린다. 흔들림들 사이로 빛들이 흩어져서 반짝인다. 나무 아래로 사람들이 지나간다. 혼자서 둘이서 걸어간다. 노란 가방을 멘 아이도 종종걸음으로 걸어간다. 모두들 가로수 잎들처럼 흔들린다. 그들의 어깨 위에서 흩어진 빛들이 강 위의 파동처럼 반짝인다. 고요함과 기쁨으로 가득해서 엄숙한 세상을 바라본다. 그 한가운데 지금 나는 있다.

23.

길가에 차를 세우고 음악을 듣는다. 끊어지고 이어지는 음들, 가라앉고 떠오르는 음들.

—

누군가는 말했었다.
"음 하나를 더하면 기쁨이 되고 음 하나를 빼면 슬픔이 되는 것, 그게 인생이야."

24.

모든 것이 꿈같다. 그런데 현실이다. 현실이란 깨지 않는 꿈인 걸까. 그 사이에 지금 나는 있다.

25.

트럭에서 야채를 산다. 왜 이렇게 비싸요, 며칠 전엔 1000원밖에 안 했는데…… 여자가 꽈리고추 봉지를 들고 불평하니까 야채 장수는 껄껄 웃으며 대답한다. 예쁘게 생겼잖아요. 사람이나 물건이나 예쁘면 비싼 거예요. 아침마다 아파트 앞에 트럭을 세우는 이 남자는 방금 떼어 온 야채들처럼 늘 싱싱하다. 그의 목소리가 크지만 시끄럽지 않다. 오히려 듣는 사람의 배 속으로 들어가서 근심을 쫓아내고 마음을 비워준다. 그건 분명 그의 목청을 통해서 밖으로 나오는 생의 명랑성 때문이다. 정신이 깊고 고요한 것만은 아니다(그것이 나의 오랜 착각이었다). 정신은 우렁찬 것이기도 하다. 우렁찬 정신은 야채 장수처럼 목청으로 제 존재를 보여준다. 그 목청의 정신을 배울 때다.

26.

새로운 병법이 필요하다. 정신적 싸움과 육체적 싸움이 병행되어야 하는 병법. 하지만 이 병법을 수행하는 일은 쉽지 않다. 나는 지금까지 육체적 싸움을 해본 적이 없다. 정신과 육체의 공동전선은 어떤 영역이고 어떻게 전개되어야 하는 것일까. 꼼꼼히 연구해볼 일이다.

27.

몸은 비의적인 것이다. 살아 있고 살려고 하기 때문이다. 살려고 하는 것은 주어진 메커니즘을 지키지 않는다. 그것은 늘 예기찮은 방식으로 일탈한다. 생 안에는 자기를 초과하는 힘이 있다. 이 힘에 대한 믿음.

28.

아침 베란다에서 오랜만에 페이스북을 읽는다. 눈앞에서 지나가는 사연들이 모두 남의 일 같다. 어제는 긴 밤 동안 비가 내렸다. 흐린 아침 풍경이 멀고 낯설다. 그 안으로 문득 파란 버스가 들어와서 역으로 달려간다. 어제 신문에 실린 칼럼의 제목은 〈카프카의 희망〉이었다. '희망은 세상 어디에나 있지. 그런데 그 희망들은 우리의 것이 아니야.' 강의 중에 자주 인용했던 카프카의 희망 변증론. 그때마다 뒤의 문장만을 붙들고 희망의 부재와 부당한 현실의 관계에 대해서만 따지고 물었었다. 지금은 앞 문장이 비밀스러운 화두처럼 여겨진다. 세상 곳곳에 편재하는 희망들. 풍경들 곳곳에, 빈 하늘 안에 대기처럼 가득한 희망들이 있다. 세상이 다시 다정해진다. 그 안으로 또 파란 버스가 들어와서 역으로 달려간다.

29.

주영이 뜨거운 수건으로 눈가를 닦아준다. 나이가 들면 눈가에 눈곱이 끼니까 자주 살펴야 한다고 주의를 준다. 살아오면서 늘 정갈함을 잃지 않으려고 애썼다. 그 안에 허위의식도 많았겠지만 스스로를 잘 지키려는 자긍심 또한 진실이었다. 자기를 긍정하는 것보다 힘센 것은 없다. 그것이 내게는 자긍이고 정갈함이었다. 그건 지금도 지켜내야 하는 나의 정신이고 진실이다.

3 0 .

바울은 옥중 편지에 썼다.
"내 마음을 고백하자면 저는 죽기를 소망합니다. 그런데도 저는 그 소망을 뒤로 미룹니다. 그건 여러분들이 아직도 나를 필요로 하기 때문입니다."
그러고 보니 나도 언젠가 강의에서 말했었다. 나를 위해 쓰려고 하면 나 자신은 너무 보잘것없는 존재라고, 그러나 남을 위해 쓰려고 할 때 나의 존재는 그 무엇보다 귀한 것이 된다고.

31.

그런 생각이 든다. 그동안 내가 읽고 생각하고 확신하고 말했던 그것들이 진실이었음을 증명하는 시간 앞에 지금 나는 서 있다는 그런 생각.

32.

류샤오보가 남겼다는 말:
"나는 아무도 미워하지 않는다."

또 그가 부인 류샤에게 마지막으로 남겼다는 말:
"잘 살아가세요."

괄호 속 한자어를 읽으니 이 말은 더 자세히 이런 뜻이다:
"늘 기쁨을 잃지 말고 살아가세요."

33.

공원 산책을 한다.

―

언덕 위 쉼터 팻말 위에 이렇게 쓰여 있다.
"이곳은 눈먼 아버지의 부역을 대신해서 길을 떠나던 효녀 중씨 낭자가 머물렀던 곳입니다. 이곳에서 잠시 사색의 시간을 가져보세요."

34.

짧은 북한산 산행을 했다. 폭우로 계곡물의 등이 한껏 부풀었다. 흐르는 물들은 급한 곳에서는 우렁차고 낮은 곳에서는 소리도 낮았다. 오르고 내려오는 내내 물소리를 들으며 마음이 편했다. 뜻 없는 것들에게도 소리가 있고 그 소리는 마음을 편하게 한다. 바람 부는 소리, 비 내리는 소리, 물 흐르는 소리…… 사람의 마음도 본래 아무 뜻 없이 제 갈 곳으로 흐르는 것이 아닐까. 그런데 그 마음 안에 그토록 많은 뜻과 의미를 품고 담아 사람도 세상도 그토록 시끄러운 걸까.

35.

한바탕 쓸고 간 빗줄기에 흩어진 낙엽들. 휴대폰 안에 담는다. 사진은 마술이다. 찍으면 아무것도 아닌 것이 사건이 된다.

36.

베란다에서 세상의 풍경을 바라본다. 또 간절한 마음이 된다. 한 번만 더 기회가 주어지면 얼마나 좋을까.

37.

《댈러웨이 부인》을 읽는다. 여러 번 강의했고 여러 번 읽었던 텍스트. 그런데도 우연히 펼쳤을 때 문장들이 눈을 뜨면서 빛났다. 밤하늘의 초롱초롱한 별빛처럼. 그래도 첫 문장의 빛은 역시 해맑은 아침 햇빛이다.
"댈러웨이 부인은 꽃은 자기가 스스로 사겠다고 말했다."○

○ 버지니아 울프, 《댈러웨이 부인》

38.

어제 축령산 휴양림에 왔다. 자는 내내 계곡물 소리가 꿈속에 내리는 비처럼 귀 안에 가득했다. 물들은 자면서도 쉬지 않고 흐른다는 걸 알았다. 흐른다는 게 산다는 건지도 알았다. 아침에 커피 잔을 들고 계곡으로 내려갔다. 두 팔을 벌리고 가슴을 내밀고 심호흡을 할 때 종교인들이 왜 십자가를 사랑이라고 부르는지도 알 듯했다.

—

아침 내내 물가에 앉아 있다. 물들은 급한 곳에서는 우렁차고 평평한 곳에서는 잠시 머물러 조용히 파문을 만든다. 그러면서도 낮은 곳으로 흐르는 걸 잊지 않는다. 정신이 무엇이고 마음이 무엇인지 알겠다. 정신과 마음이 만나면 아름다움이라는 것도 알겠다. 생이 음악이라는 것도 알겠다. 두 개의 선율로 끝없이 시간을 변주시키는 숭고한 소나타.

—

물들은 사랑의 역학을 가르친다. 물들의 사랑은 급하고 거침없고 뚫고 나간다.

—

오르는 길에 산수국이 지천이다. 빛을 높이면 꽃들의 바이올렛이 지워지고 빛을 낮추면 나무들 너머 먼 곳의 여광이 사라진다. 길은 오묘한 사이에 있다.

—

자꾸 깊어가는 밤 숙소 앞 벤치에 턱 괴고 앉아 있다. 등 뒤로 물소리가 떠내려가고 곳곳에서 벌레들이 운다. 늘 턱 괴고 앉는 것이 오래된 마음의 습관이었다. 그럴 때 마음은 근심으로 무겁거나 아프거나 외로웠다. 지금 마음은 또 턱 괴고 앉았어도 무겁지 않다. 가볍지도 않다. 꼭 제 무게만큼으로 손바닥 위에 얹혀 있다. 마음이 너무 무거운 건 이미 지나가서 무게도 없는 것들에 대한 미련 때문이었다. 너무 가벼운 것 또한 아직 오지 않아서 무게 없는 것들에 대한 욕망 때문이었다. 모두가 마음이 제 무게를 잃어서였다. 제 무게를 찾으면 마음은 관대해지고 관대하면 당당해진다. 지나가는 것들을 지나가도록 놓아주고 지금 여기 있는 것들을 있는 모양대로 받아들이고 다가오는 것들도 무심하고 담담하게 맞이한다. 지금 깊은 밤 턱 괴고 앉은 마음이 일어날 줄 모르는 건 이 당당함이 너무 좋아서이다. 하기야 밤이야 아무리 깊은들 어떠하랴.

—

그러고 보니 여기에는 해충이 없다. 문을 열고 자는데도 모기에게 시달리지 않는다. 아침 물가에 앉으니 그 이유를 알겠다. 그건 여기가 쉼 없이 물이 흘러가는 곳이기 때문이다. 흐른다는 건 덧없이 사라진다는 것, 그러나 흐르는 것만이 살아 있다. 흘러가는 '동안'의 시간들. 그것이 생의 총량이다. 그 흐름을 따라서 마음 놓고 떠내려가는 일—그것이 그토록 찾아 헤매었던 자유였던가.

—

물가에 앉으면 말이 없어진다. 그렇다고 말이 사라지는 건 아니다. 현자가 현자를 만나면 왜 말없이 차만 마시는 줄 이제 알겠다. 존재의 바닥에 이르면 거기는 고요이지 침묵이 아니다. '고요의 말'이 있다. 누가 어찌 살았던 그 평생은 이 말 한마디를 찾아 헤매는 길인지 모른다. 사실 누구나 구도자다.

39.

좋은 물이 있다는 곳에 왔다. 정성으로 마시면 큰 병들도 물러간다는 영묘한 생수를 한 남자가 무상으로 나누어 준다는 곳이다. 도착하니 마당 주차장에 차들이 즐비하다. 물터 앞에는 물통들이 긴 줄을 서고 있다. 얼굴은 말랐지만 어깨와 팔뚝은 강건한 남자가 통성명을 한다. 아무리 큰 병도 알고 보면 감기일 뿐이라고, 세포들 안에 건강한 물과 소금을 가득 채워주면 병은 제풀에 물러간다고, 나름의 생수만병 치료론을 또 들려준다. 그리고 말끝에 몇 마디 덧붙인다. "몸은 언제나 내 편이오. 예뻐해주면 좋아서 금방 신이 나 힘을 내지. 그러면 몸이 제대로 돌아가고 병도 절로 없어지는 건 당연지사 아니겠소."

40.

강의 중에 '사건'이라는 단어를 얼마나 자주 입에 올렸던가. 그런데 그것들은 모두가 책에서 읽고 들은 풍문이고 코드들이었다. 사건은 그런 책들 속에 존재하는 것이 아니다. 그건 위기를 만난 마음속에서 태어나는 '사건들'이다. 이 사건들은 놀랍고 귀하다. 정신과 몸이 함께 떨리는 울림. 이 울림은 모호하지 않다. 종소리처럼 번지고 스미지만 피아노 타음처럼 정확하고 자명하다. 더불어 글이 무엇인지도 비로소 알겠다. 그건 이 사건들의 정직한 기록이다. 글을 어떻게 쓰는 건지도 알겠다. 그건 백지 위에 의미의 수사를 채우는 일이 아니라 오선지 위에 마침표처럼 정확하게 음표를 찍는 일이다. 마음의 사건—그건 문장과 악보의 만남이기도 하다.

41.

동네 한 바퀴 걷다가 노변 그늘에 앉아 있다. 한적한 오전은 텅 비어 있다. 저편 차도 위로 가끔씩 자동차가 지나간다. 자전거가 횡단보도를 건너가고 노란 양산을 든 젊은 여자가 모퉁이에서 꿈처럼 나타나기도 한다. 옹벽 너머 나무들 안에서 벌레들이 다투어 운다. 크레셴도로 길게 목청을 뽑던 매미 소리가 툭 꺾어지더니 꼬리를 끌면서 사라진다. 잠자리 한 쌍이 서로 꼬리를 붙이고 한창 교미 중이다. 세상은 오묘하다. 고요하면서 찬란하다. 메시아가 와도 세상은 지금과 똑같다고, 그런데 모든 것이 새로워진다고 탈무드는 말한다. 넋 놓고 있으면 갑자기 또 수시로 새로워지는 세상. 범속한 동네의 무심한 오전마다 메시아는 도착하는 걸까.

42.

삼심제는 법정 안에만 있는 것이 아니다. 병원에도 있다. 입원 날짜가 목전이다. 심리를 받듯 일련의 검사가 끝나는 며칠 뒤에는 최종 판결을 받을 것이다. 물론 불안이 없지는 않다. 그래도 기다림은 의외로 무심해서 편안하다. 그러고 보면 어린 프루스트는 이 무심의 시간을 벌써 알고 있었다. "내일이면 나는 또 괴로운 밤을 보내야 할 것이다. 어머니의 굿나이트 키스를 기다리며 외로운 침대 안에서 뒤척여야 할 것이다. 하지만 내일이야 아무러면 어떠하랴. 아직 새벽은 멀고 지금 나는 어머니와 함께 침대 안에 있지 않은가……"

—

공간들 사이에 문지방이 있듯 시간들 사이에도 무소속의 시간, 시간의 분류법 어디에도 속하지 않는 잉여의 시간이 있다. 어제와 내일 어디에도 속하지 않는, 아무런 목적도 계획된 쓰임도 없는 시간, 오로지 자체만을 위해서 남겨진 공백의 시간이 있다. 그때 우리는 그토록 오래 찾아 헤매던 생을 이 공백의 시간 안에서 발견하고 놀란다. 다가오는 입원일을 물끄러미 바라보며 판결을 기다리는 환자처럼.

43.

문득 어떤 영웅의 삶을 생각한다.
조용하고 장엄한 삶의 주인공들.

44.

차 안에 문득 음악이 흐른다. 〈Moon River〉. 속도를 줄이고 귀 기울여 듣는다. 언제 들어도 부드럽고 친절한 선율. 이상한 건 이 부드러운 선율이 늘 나에게 생의 용기를 기억시킨다는 것이다. 부드러운 건 힘이 세고 힘이 센 것은 부드럽다. 이 부드러움을 잃으면 안 된다(요즈음 모든 것들에게 다정하지 못했었다……).

45.

⟨보리수 Der Lindenbaum⟩. 아침 차 안에서 슈베르트를 듣는다. 성문 앞 보리수를 찾아가듯 그날 이후 텅 빈 채 흘러간 한 달의 날들을 돌아본다. 뭔가 부글거리는 것들이 그 안에 있다. 나는 살고 싶은 것이다. 일하고 싶은 것이다.
already but not yet.

46.

입원일이다. 아침 베란다에서 커피를 마시고 담배 한 대를 몰래 피운다. 맛있다. 풍경은 흐리다. 전철역으로 사람들이 바쁘게 걸어간다. 세상의 일상은 무사하다. 그 무사함 안에 팩트들이 들어 있다. 팩트는 엄혹한 칼이다. 정확하고 용서가 없다. 이 칼의 무심함에 나는 기록으로 맞선다. 기록은 사랑이다. 사랑은 희망이다. 문득 파란 버스가 풍경 안으로 들어와서 정류장에 선다. 그리고 떠난다. 카프카의 마지막 일기가 맞았다. "모든 것들은 오고 가고 또 온다."

47.

"두보의 시는 인간에 대한 성실과 그 성실에서 오는 우수를 바탕으로 하고 있다." 나름 오랫동안 내가 공들여 쌓아온 교양들은 대부분 바다 너머의 땅에서 얻었거나 건너온 것들이다. 이제는 아마도 나의 머릿속만이 아니라 내 육신의 살로도 존재하는 그 교양들은 거의 모두가 알파벳을 번역한 인용문들의 총합이다. 나는 때로 그것이 자랑스럽고 또 회의에 젖기도 했을 것이다. 하지만 어느 쪽이든 사랑이어서 나는 그것들을 사랑했고 또 여전히 사랑한다. 그러나 이제 나는 다른 사랑에도 눈을 뜨는 것 같다. 예컨대 두보의 불우한 삶과 아름다운 시어들과 그것들로 빚어진 남다른 정신에게 친화력을 느낀다. 물론 그 친화력이 새 여자를 취하듯 양자택일의 선택은 아니다. 긴 세월 타지에서 성실한 삶을 배운 뒤에 어느 날 문득 그곳이 타향임을 발견하고 고향을 기억하는 마음 같다고나 할까. 타향의 삶을 고향처럼 살았던 사람만이 귀향의 꿈과도 만나는 건지 모른다. 하기야 그러함은 지적인 삶만이 아니라 생 자체의 순리이기도 할 것이다. 한 생을 세상에서 산다는 건 타향을 고향처럼 사는 일인지 모른다. 그러다가 어느 때가 되면 우리는 문득 거기가 타향임을 깨닫고 귀향의 꿈과 해후하는 것은 아닐까. 나 또한 그러하기를 바란다. 과연 내가 한 생이라는 타향의 삶을 잘 살았고 잘 살고 있는지 그것이 내내 걱정스럽기는 하지만……

48.

병원에서 이틀 밤을 보낸다. 그사이 세 개의 검사가 지나갔고 하나의 검사가 남았다. 점점 지치는 걸까. 위기 감각은 느슨해지고 정신도 힘이 빠졌다. 이 내적인 무기력을 신학은 나태Apatie라고 부른다. 나태는 장세니스트들에게 가장 불온한 죄악이었다. 그건 신만이 아니라 자기에의 신뢰를 잃어버리는 일이기 때문이다.

49.

병원.
아침. 6시.

흐리고 비 내린다.
불 끄고 울적하게 고개 숙인 가로등을 위안하려는 걸까.

5 0 .

꽃들이 찾아와 모여 앉아서 철없이 웃는다. 이런 아침 꽃들이 더 많이 피는 건 비 오면 따라오는 먼 허공의 빛 때문일까. 아즈텍 사람들에게 빛의 신과 비의 신은 하나였다. 모든 것들이 불확실하다. 그러나 다가오는 것이 무엇이든 하나의 사실만은 확실하다. 모든 것은 마침내 지나간다는 것: "이 놀라운 행복은 어디로부터 오는 것일까. 분명한 건 그 행복의 근원은 밖이 아니라 내 안에 있다는 것, 아니 지금 여기의 나 자신이라는 사실이었다."○

○ 프루스트

51.

고요함은 관대함이고 관대함은 당당함이다.

52.

내가 상상하지 않았던 삶이 내 앞에 있다.
나는 이것과 어떻게 만날 것인가.

53.

늘 그랬듯이 그렇게 머물기.

54.

아침의 아파트 앞마당. 커피를 들고 벤치에 앉아 있다. 바람이 불어서 아직 덥지 않다. 새들이 울고 담장 너머로 자동차 소리가 지나간다. 가끔 문을 나와서 빠른 걸음으로 출근하는 사람들의 구두 소리가 지나간다. 주차장 한편에 서 있는 나의 자동차를 바라본다. 매일 아침 알렉산더의 충실한 명마처럼 나를 싣고 떠나던 나의 낡은 자동차. 지금은 나처럼 조용히 턱 괴고 앉은 나의 오랜 친구. 바라보면 외롭지만 너무 많이 외롭지는 않다. 조용히 외로운 것들은 늘 안에 무언가를 머금고 있기 때문일까. 나무들 사이 열린 허공의 창 안에 아침 빛이 그득하다.

55.

선생님은 지금 비상사태예요, 그렇게 슬프거나 울적할 시간이 없어요, 라고 그는 나를 탓한다. 그가 옳다. 나는 존재의 바닥에 도착했다. 단독자가 되었다. 본질적 타자성의 존재가 되었다. 이제 나는 나의 삶을 혼자서 다 껴안아야 한다.

그런데 내가 이토록 무거웠던가.

56.

거울을 본다. 내 얼굴을 본다. 웃어본다. 누군가는 나의 웃는 얼굴을 미소 천사라고 불러주었다. 그 미소가 사라진 건 아니다. 아직은 모든 것이 내게 그대로 있다. 아무것도 빼앗기면 안 된다. 모든 것을 지켜야 한다. 나의 삶을 꼭 붙들어야 한다. 집 떠나는 엄마의 치마폭을 붙들고 놓지 않는 아이처럼.

57.

더 오래 살아야 하는 건 더 오래 살아남기 위해서가 아니다. 그건 미루었던 일들에 대한 의무와 책임을 수행하기 위해서다. 그것이 아니라면 애써 이 불가능한 삶과의 투쟁이 무슨 소용인가.

58.

지금 나의 삶이 위기에 처한 건 의사가 말하듯 소화기관 하나가 큰 병에 걸렸기 때문이 아니다. 그건 내 몸속에 살고 있는 또 하나의 장기, 즐거움의 장기, 생의 기쁨만을 알고 있는 철없는 나의 장기가 그만 병들었기 때문이다. 이 병에는 근거가 없다. 소화기관은 병들어 사라져도 기쁨의 장기는 생의 마지막까지 사라질 수 없기 때문이다.

59.

바이올렛 우산을 들고 아침 산책을 한다. 어제는 비를 기다리며 늦어서야 침대에 들었다. 비는 나를 비켜서 밤사이 내린 모양이다. 비가 지나간 아침은 흐리고 조용하고 물기를 머금고 있다. 어제 내린 비의 추억일까. 다가오는 비의 소식일까. 젖은 대기 안에서 세우가 분말처럼 뿌린다. 문득 말년의 롤랑 바르트를 이해할 수 있을 것 같다. 왜 그가 폴 발레리를 따라서 '나만을 위한 한 권의 책'을 쓰고 싶어 했는지, 왜 생의 하류에서 가장 작은 단독자가 된 자기를 통해서 모두의 삶과 진실에 대해 말하는 긴 글 하나를 쓰려고 했는지…… 나 또한 나의 하류에 도착했다. 급류를 만난 듯 너무 갑작이어서 놀랍지만 생각하면 어차피 도달할 곳이다. 적어도 지금까지 나의 하류는 밤비 지나간 아침처럼 고요하고 무사하다. 아버지 생각이 난다. 아버지는 돌아가시기 전 공부하고 돌아오는 나에게 큰 서재를 만들어주고 싶어 하셨다. 여기가 그 서재가 아닐까. 나는 여기서 한 권의 책을 써야 하지 않을까. 내가 사랑했던 모든 것들, 나와 나의 다정한 사람들, 미워하면서도 사실은 깊이 사랑했던 세상에 대해서 나만이 쓸 수 있는 한 권의 책을 써야 하지 않을까. 그것이 지금 내가 하류의 서재에 도착한 이유가 아닐까.

60.

일주일에 두 번씩 택배가 도착한다. 식이요법을 위한 채소들이다. 저 순수하고 청결한 채소들은 나의 남겨진 시간을 연장해줄 것이다. 그런데 나는 왜 시간의 연장이 필요한 것일까. 여기에 대한 답이 먼저 있어야 한다. 그래야 저 순결한 채소들도 내 몸을 도울 수 있지 않을까.
그러자 어디선가 들리는 꾸짖는 소리: "답 같은 건 없어요. 그런 건 생각하지도 말아요. 그냥 청결한 채소를 먹고 몸을 청결하게 만들면 그만인 거예요. 그게 답이라는 걸 모르나요?"

61.

TV를 본다.
모두들 모든 것들이 영원히 살 것처럼 살아간다.

62.

고백하자면 나는 살아오면서 한 번도 모든 것을 걸고 싸워보지 않았다. 그런데 이 싸움은 자체가 수단이고 목적인 순수하고 절대적인 싸움이다.

63.

상황에 지치는 건 아직 상황을 정확하게 인식하지 않았기 때문이다. 오래전 검도를 배울 때 선생은 비틀거리는 내게 말했었다. 정확한 때 정확한 곳을 베어야 합니다. 그러면 칼은 춤이 됩니다. 환자의 정체성 확립이 무엇보다 필요하다. 그래야 춤추듯 병과 대적할 수 있다. 훌륭한 검법은 이기는 것만이 목적이 아니다. 그건 자상을 아름다운 무늬로 만드는 일이기도 하다.

나는 본래 나의 몫이 아닌 것에는 관심도 욕망도 없었다. 시기와 부러움 같은 건 더더구나 없었다. 그러나 나의 몫임에도 부당하게 주어지지 않거나 빼앗겼을 때는 기필코 그 소유권을 되찾고자 했다. 환자가 된 뒤에도 나는 이 원칙에 충실히 하고자 했다. 나는 내 몸의 완전한 단독자가 되었고 그 몸은 타자들의 삶들과 전혀 무관하다고 생각했다. 그것이 나의 자존심을 지키는 일이라고 믿었다. 이제는 그 생각이 틀렸다는 걸 안다. 나의 삶은 나만의 것이 아니라 타자들의 것이기도 하다. 나의 몸은 타자들의 그것과 분리될 수도 격리될 수도 없는 것이다. 나의 몸은 관계들 속에서 비로소 내 것이기도 하다. 그것이 내가 나의 삶에 대한 소유권을 갖고 있고 내 몫을 찾아야 하는 이유이고 근거이며 '환자의 정체성'이다.

64.

긴 아침 산책.

—

한 철을 살면서도 풀들은 이토록 성실하고 완벽하게 삶을 산다.

65.

나는 지금까지 세속의 땅에서 성스러움의 땅을 바라보고 생각해왔다. 이제는 성스러움의 망막 위에 투영되는 세속의 풍경을 보고 읽을 때가 되었다. 그 또한 비타 노바^{Vita Nova}의 삶이리라.

66.

환자의 주체성은 패러독스의 논리를 필요로 한다. 생의 근원적 덧없음과 생의 절대적 존재성, 그 사이에서 환자의 주체성은 새로운 삶의 영토를 연다.

67.

아침 공원을 걷는다. 미풍이 분다. 풀들이 흔들린다. 꽃들도 흔들린다. 연못의 물 표면도 흔들린다. 마음도 흔들린다. 마음의 파문이 몸 안으로 번진다. 기쁨만이 금기를 깬다. 기쁨의 위반만이 위반이다.

68.

헨델의 〈사라반드〉를 듣는다. "마음껏 울게 하소서"라고 헨델은 노래한다. 헨델의 역설법. 마음껏 운다는 건 마음껏 사랑한다는 것이다. 생 안에는 모든 것들이 충만하다. 눈물도 가득하고 사랑도 가득하다. 왜 생 안에 가득한 축복과 자유들을 다 쓰지 못했던가.

—

루시드 폴: "나의 하류를 지나서 너는 너의 고향으로 돌아가네."○

○ 루시드 폴, 〈나의 하류를 지나〉

69.

아침마다 체중을 달고 거울을 본다. 몸의 무게는 조금씩 가벼워지는데 얼굴빛은 나날이 밝아진다. 나는 차츰 빛이 되어가는 걸까. 하기야 내가 품었던 꿈들 중의 하나는 투명하게 소멸^{astral body}하는 것이었다.

70.

환자의 삶은 이중생활이다. 그는 세상으로부터 분리되었다. 하지만 그는 여전히 세상 안에서 산다. 이 존재의 패러독스 위에서 그는 자기만의 삶, 단독자의 삶을 살아야 한다. 그러면서 모두의 삶과 만나야 한다. 그것이 단테가 구상했던 신생Vita Nova이었다.

71.

바람 부는 쪽을 향해서 심호흡을 한다. 숨을 마시면 태고의 대기가 몸 안으로 들어온다. 숨을 내쉬면 내 현존의 입자들이 대기 안으로 들어간다. 먼 곳의 하늘은 텅 비었다. 하지만 생 안에 텅 빔 같은 건 없다. 존재는 늘 충만할 뿐.

72.

환자의 주체적 삶은 특별한 사랑의 삶을 닮았다. 두 사람을 똑같이 사랑하는 정상적인 더블 러브 게임의 삶—그의 삶은 일상의 삶과 환자의 삶으로 분리되었다. 그러나 그는 두 삶 모두에게 성실하지 않으면 안 된다. 이 불가능한 성실성은 오로지 두 삶의 정연한 분리를 통해서만 성취할 수 있다. 일상의 삶을 살 때 환자의 삶은 단호히 망각되어야 한다. 환자의 삶과 마주할 때 일상의 삶은 또한 단호하게 차단되어야 한다. 그렇게만 두 삶 모두와 성실하고 책임 있는 부부 생활을 할 수 있다. 두 삶이 서로 시기하고 질투하는 일 없이 늘 조용하고 무사하게……

73.

투병이라는 말은 옳지 않다. 손님은 잘 대접해서 보내야 한다고 옛사람들은 가르쳤다. 사랑이 그렇듯 병과도 잘 이별하는 일이 중요하다. 잘 헤어지고 잘 떠나보내는 일이 중요하다. 미워하지는 않지만 함께 살 수는 없는 것이 있다. 그것들과의 불가능한 사랑이 필요하다.

74.

나의 병은 유전자병이다. 과학은 아직 유전자를 바꾸지 못한다. 그러나 정신이 있다. 정신이 유전자를 바꾼다. 웃음은 정신이다. 프로이트는 그 정신을 '유머어'라고 부르고 니체는 '명랑성'이라고 불렀다. 나에게 그것은 '자긍심'이다. 나는 나를 자랑스럽게 긍정한다. 나의 정신은 늘 철없어서 즐거운 정신이었다.

75.

비 오는 날 세상은 깊은 사색에 젖는다. 그럴 때 나는 세상이 사랑을 기다리는 마음으로 가득하다는 걸 안다. 그리고 내가 얼마나 세상을 사랑하는지도 안다.

76.

어제 누군가가 말했다.
"제가 힘들어하면 선생님은 늘 말하곤 하셨어요. 그냥 놔 둬, 놔두고 하던 일 해…… 그 말씀을 돌려드리고 싶네요."

77.

아침에 눈떠서 생각한다. 나는 그동안 받기만 했다고, 받은 것들을 쌓아놓기만 했다고, 쌓인 것들이 너무 많다고, 그것들이 모두 다시 주어지고 갚아져야 한다고, 그래서 나는 살아야겠다고……

78.

늘 듣던 말의 새로움:
"날마다 오늘이 첫날이고 마지막 날이야."

8월

79.

아침 산책. 또 꽃들을 들여다본다. 꽃들이 시들 때를 근심한다면 이토록 철없이 만개할 수 있을까.

80.

나는 이제껏 지나치게 감정주의자였다. 그래서 대부분 감정이 원하고 시키는 대로 행동해왔다. 그러나 행동은 감정의 시녀가 아니라 오히려 주인이기도 하다. 새로운 감정이 필요할 때 행동이 감정을 가르치고 인도해야 한다. 그래야 감정의 균형이 잡히고 길이 보인다.

81.

한동안 눈뜨면 하루가 아득했다. 텅 빈 시간의 안개가 눈앞을 가리고 그 안개의 하루를 건너갈 일이 막막했다. 그러나 오늘은 아침에 눈떠서 문득 중얼거린다. "안개를 통과하는 길은 언제나 어디에나 있다. 그건 일상이다. 일상을 지켜야 한다, 일상이 길이다."

82.

누구에게나 몸속의 타자가 있다. 환자는 그 타자가 먼저 눈을 뜨고 깨어난 사람이다. 먼저 깨어난 그 눈으로 생 속의 더 많고 깊은 것을 보고 읽고 기록하는 것—그것이 환자의 주체성이다.

8 3 .

환자는 투명한 주체다. 그는 그에게 일어나고 다가오는 모든 것들을 통과시킨다.

환자의 주체는 종결을 각오한다. 그러나 그 종결에게 항복하지 않는다.

환자의 주체는 사랑의 주체다. 그는 사랑의 마음을 결코 잃어버리지 않는다.

환자의 주체는 미적 주체다. 그는 자기와 세상의 아름다움을 포기하지 않는다.

84.

일요일 아침 녹즙을 마시고 산책을 나간다. 먼 남쪽 바다를 건너간다는 태풍 탓에 아침 풍경이 흐리고 젖었다. 덕분에 마음은 한 계단 더 고요한데 몸은 그만큼 더 무겁다. 산책로 앞에 차를 세우고 잠시 음악을 듣는다. 어제 쓴 짧은 글을 퇴고하다가 그만둔다. 내일은 일찍 진료 예약이 잡혀 있다. 또 사진과 차트 앞에서 판결을 들어야 할 것이다. 피곤한 마음이 무겁게 흔들린다. 자세를 가볍게 바로잡는다. 흔들리는 마음의 파장 끝에서 기쁨의 문양이 그려지기를 기다린다.

85.

지금 살아 있다는 것—그걸 자주 잊어버린다.

86.

환자의 삶은 아이러니와 패러독스의 삶이다. 그의 삶은 달라졌지만 하나도 특별하지 않다. 세상은 제 갈 길을 가고 일상의 회로는 정해진 대로 흘러간다. 그는 그 안에서 아무 일도 없는 것처럼 살아간다. 그는 안에 있으면서도 바깥에 있다. 그는 특별하면서도 평범하다. 그는 종착역을 향해서 달리는 직통열차처럼 매일매일을 중간역처럼 통과한다.

87.

하모니는 관계다.
관계는 모두가 음악이다.

88.

일찍 일어나 병원 갈 채비를 한다. 필요한 서류들을 가방에 넣다가 나도 모르게 손에 잡히는 책 한 권을 넣는다. 슈베르트 평전과 뮐러의 시 〈겨울 나그네〉. 왈칵 솟으려는 눈물을 겨우 참는다. 그래 나는 깊이 병들어도 사랑의 주체다. 울 것 없다. 그러면 됐으니까.

89.

낮 동안 너무 뜨거웠다. 저녁 무렵 어스름이 들고 바람이 분다. 갑자기 대책 없이 서글퍼진다. 이 여름이 밉다. 그래, 미워한다는 것, 그 또한 사랑이고 생이리라……

90.

길가 그늘에 앉아서 풍경을 바라본다. 사람들이 무심히 오고 간다. 시간도 생도 무심히 흘러간다. 그렇게 모든 것들이 한곳으로 간다. 이것이 존재인가. 나무 그늘 아래 두 사람이 앉아 있다. 쉬지 않고 서로 수화를 한다. 쉬지 않고 얼굴이 웃는다. 얼핏 미풍이 잎들 사이를 지나갈 때 그들의 목소리를 들은 것 같다. "그만 좀 웃겨, 너무 우스워서 말을 못 하겠어……" 침묵의 홍소, 이것이 존재인가.

91.

환자의 정신적 삶은 갈림길에 선다. 지금까지의 삶을 계속 살 것인가, 그것과 결별하고 전혀 다른 삶을 살 것인가의 양자택일. 선택은 쉽지 않고 불확실하지만 분명한 것이 있다. 그건 어느 쪽이든 나의 삶은 온전히 나에게 맡겨졌다는 것. 이제 나는 오로지 나에게만 속하는 단독자가 되었다는 것이다.

92.

아침 녹즙을 과하게 먹었던 걸까. 산책 중에 구토를 했다. 드디어 증상들이 나타나는 걸까. 불안해진다. 생수로 여러 번 입가심을 하니까 침착이 돌아왔다. 안심해 괜찮을 거야, 진동이 남아 있는 배를 애인 달래듯 애무한다. 배가 좀 편해진다. 돌아와서 현미 죽을 먹었다. 된장에 무친 우렁이 맛있어서 한 그릇을 거의 다 비울 수 있었다. 역시 녹즙이 조금 과했던 것이다. 위기의 증상은 아닌 것이다. 애인이 화를 내고 나를 떠나려는 건 아닌 것이다. 안도감, 고마움 그리고 어떤 사랑스러움……

93.

몇 사람을 만났다. 누군가가 농담처럼 말했다. "선생님 그 사이 너무 착해지신 거 같아요. 그러지 마세요. 도도하고 까칠한 선생님으로 돌아가세요. 그래야 선생님 같아요."

94.

아이를 역까지 데려다준다. 길가에 차를 세우고 풍경을 바라본다. 아침 세우가 세상을 적신다. 차창을 열고 팔을 내밀어 빗방울을 느낀다. 아 너무 좋아라, 애무에 취한 애인처럼 마음이 온몸을 풀어 기지개를 켠다. 방금 아이가 묻던 말이 생각난다. 신기해 빗방울은 왜 동그랄까. 나는 대답했었다. 바보야 물이 무거우니까 떨어지면서 아래로 맺히는 거지. 그것도 몰라? 누가 그걸 몰라. 그래도 물방울이 신기해. 너무 예쁘잖아…… 문득 차라투스트라의 한 문장: "인간은 가을의 무화과다. 인간은 무르익어 죽는다. 온 세상이 가을이고 하늘은 맑으며 오후의 시간이다." 무르익은 것은 소멸하고 소멸하는 것은 모두가 무르익었다. 니체는 그 순간을 '조용한 시간 Der stille Stunde'이라고 불렀다. 조용한 시간—그건 또한 거대한 고독의 순간이다. 사람은 이 난숙한 무화과의 순간에 도착하기 위해서 평생을 사는가.

95.

오늘은 아침부터 컨디션이 좋았다. 옆구리의 묵직함도 사라져서 종일 몸이 가벼웠다. 부탁받은 사진 글도 대강 정리가 되어 '내 마음의 데자뷔'라는 타이틀도 얻을 수 있었다. 오후에 페이스북을 열어보았다가 깜짝 놀랐다. C가 5년 전 철학아카데미에서 했던 말러에 대한 테오도르 아도르노 강의록 일부분을 녹취해서 올려놓은 글이었다. 그래 이건 나만의 언어이고 나만의 목소리야, 나도 모르게 중얼거리는데 울컥 가슴에서 치받는 것이 있다. 매일매일을 무기력하게 흘려보내는 시간들에 대한 분노였을까. 아니면 지레 환자 노릇 하느라 뒷전에다 팽개쳐둔 일들에 대한 흥분과 욕구였을까. 저녁에는 피곤이 몰려왔다. 다시 시작된 장 발작 때문에 화장실을 몇 번이나 들락거렸다. 속이 울렁거리고 현미밥을 씹는 일도 힘겨워 물에 말아 겨우 그릇을 비웠다. 바람을 마시려고 서둘러 밤 산책을 나왔다. 자유가 그립다. 나의 자유는 어디로 갔을까. 나는 자유를 빼앗긴 걸까 아니면 포기한 걸까. 지금 나의 적은 신체의 병이 아니다. 그건 내 정신의 치졸함과 비겁함이다.

96.

많은 것이 달라졌다. 또 많은 것이 그대로다. 어디에 발을 딛고 설 것인가. 답은 자명하건만 그 자명함 앞에서 매일을 서성인다. 서성임, 그건 자기연민일 뿐이다.

97.

돌아보면 나의 삶은 역마살의 삶이었다. 내가 꿈꾸었던 혹은 생래적으로 타고난 삶은 무소속자의 삶이었다. (그러고 보니 꿈과 운명이 결혼했던 나의 삶은 애환은 많았어도 행복했구나.) 그래서 나는 유년 시절부터 도서관의 책들과 구곡의 마음들 사이를 경계 없이 떠돌며 지적 영토들과 감성의 영역들을 정처 없이 주유했다. 항공사진으로 내가 주유했던 생의 지도를 본다면 어떨까. 줄기식물의 생태처럼 머무름과 떠남, 만남과 헤어짐이 두서없이 엇갈리는 헤맴의 족적들은 지도가 불가능하지 않을까. 그리하여 나의 삶 안에는 한 번도 중심이 없었다. 그 중심이 그런데 이제 생겼다. 그것이 나의 병이고 몸이다. 병상에 누운 하드리아누스의 고백처럼. "철없었던 내 영혼의 아이도 이제 집으로 돌아왔다."○ 나는 이제 이 중심에 머물며 그동안 내가 보고 느끼고 읽고 알았던 모든 것들을 중심으로 불러들인다. 그리

○ 유르스나르 《하드리아누스 황제의 회상록》

고 그것들을 지휘하며 또 한 번의 떠남을 준비해야 한다.
비타 노바의 땅으로 건너가는 또 한 번의 여행을……

98.

평정의 장소.
슬픔과 기쁨이 함께 머무는 곳.
음악이라는 고요의 세계.

99.

삶은 향연이다.
너는 초대받은 손님이다.
귀한 손님답게 우아하게 살아가라.

                        / 0 0 .

녹즙을 마시고 이원을 출근시킨다. 돌아오는 길에 길가에 차를 세우고 앉았어도 구토감이 가라앉지 않는다. 차에서 내려 이곳저곳을 서성이며 아침 공기를 마신다. 조금 나아지는 것 같다. 다시 차 안으로 들어와 라디오 음악을 듣는다. 노래를 따라 부른다. 다가오는 것들 앞에서의 의연함을 지켜야 할 것이다. 돌아보면 살아오는 내내 나는 겁쟁이였다. 불편함, 괴로움, 고통들 앞에서 늘 도피했다. 그래도 큰 탈 없이 여기까지 온 건 모두가 착하고 친절했던 주변의 타자들 덕이었다. 이제 그런 시간은 지나갔다. 다가오는 시간들, 다가오는 것들 앞에서의 인내와 힘을 스스로 키워야 한다. 새로운 자세가 필요하다. 그러니 노래하자.

/ 0 / .

나의 나쁜 습관 중에는 오래된 결정주의도 있다. 모든 일을 이미 결정된 것으로 규정하고 받아들이는 습관. 이 습관을 버리지 못한 탓에 나는, 삶의 다반사들이 일어나고 진행되면서 거의 필연적으로 발생하기 마련인 예외와 우연의 사건을 믿지 않는다. 그러나 삶 속에 그렇게 미리 결정되고 예정적인 것은 없다. 길은 언제나 곡선이다. 길을 가다 보면 다른 길이 기다리고 또 만들어진다. 그것이 생 스스로 가는 길이다. 생은 과정이지 미리 결정된 시스템이 아니다. 결정주의라는 선취된 오류의 습관으로부터 벗어나는 일이 필요하다. 이 오류의 자리에 희망을 앉혀야 한다. 희망은 어디에나 있고 발생한다. 이 희망의 진실에 대한 확신이 지금 내게 절실한 미덕이다. 그러니 희망을 노래하자. 비타 노바.

102.

삶은 힘들이다.
몸은 힘으로 살아간다.
정신은 힘으로 사유한다.
마음은 힘으로 노래한다.
생의 기쁨과 희망과 사랑을.

103.

혈액검사 결과가 놀랍다. AFP 수치는 전처럼 정상이다. 고마운 건 PIVKA-II의 지표다. 한 달 전의 수치는 5700이었는데 이번에는 900이다. 무려 5000 가까이 내려앉았다. 그동안의 식이요법이 적중한 걸까. 주영과 명하는 기뻐서 흥분한다. 커뮤니티의 전문가도 놀란다. 더 적극적인 노력이 필요합니다. 수치가 더 내려간다면 정말 고무적인 경우가 일어날 수도 있겠네요. 하지만 나는 아직 너무 놀라지 않는다. 그래도 속으로 노래한다.

104.

일요일 아침 비가 쏟아진다. 녹즙 한 컵을 마시고 산책을 나간다. 길가에 차를 세우고 와이퍼가 빠르게 빗물을 지우는 사이로 텅 빈 잿빛 풍경을 바라본다. 보온병에 담아온 다슬기 국물을 마신다. 비릿한 뜨거운 액체가 배 속을 편하게 쓰다듬는다. 비 내리는 휴일 아침, 조용한 하루가 편지처럼 펼쳐지고 있다. 오래 기다린 편지가 도착하는 아침. 지금 나를 찾아와 포옹하는 사랑의 아침. 수동적 위안이 아니라 능동적 환대의 시간.

105.

때와 시간은 네가 알 바 아니다. 무엇이 기다리는지, 무엇이 다가오는지 아무도 모른다. 모든 것은 열려 있다. 그 열림 앞에서 네가 할 일은 단 하나, 사랑하는 일이다.

106.

M의 문자:
"그렇지만 선생님이라면……"

107.

"나는 안달복달하지 않는다. 그동안 나의 몸은 얼마나 묵묵히 많은 일을 해왔던가. 나는 이제야말로 나의 몸을 사랑하고 믿을 때가 되었음을 안다."◦

◦ 유르스나르, 앞의 책

108.

대학 병원 카페테라스에서 창경궁 대문을 본다. 추녀마루의 부드러운 곡선, 혼자가 아니라 둘로 층이 나뉘어서 더 중후한 힘의 안정성, 하늘을 바라보는 지붕들의 겸손한 낮음—내가 자주 삶의 격조라고 부르기 좋아했던 어떤 자세.

109.

방사선 색전술 사전 검사를 마쳤다. 부작용을 걱정했지만 별 탈 없이 정상이다. 감사한 일이다. 이렇게 몸은 불안과는 다른 행로를 간다. 잊지 말 것: 불안과 근심은 늘 잘못된 생각의 과대망상이다. 몸이 가고자 하는 길을 막지 말고 열어줄 것. 그것이 생의 기쁨이 가려는 길이다. 그 기쁨의 얼굴들은 어디에나 있다. 주영의 얼굴도 그중에 하나다. 검사실 문이 열리자 환하게 웃으며 맞이하는 얼굴. 참 기분이 좋으시죠. 이렇게 웃으며 맞아주니까…… 침대를 밀던 간호사가 말한다. 좋은 것들과 사랑들이 내게는 너무 많다. 그걸 잊지 말 것, 늘 기억하고 자랑스러워할 것, 그리고 환대하고 응답할 것. 그것이 지금 내가 해야 하는 단 하나의 일이며 모든 일이다.

110.

혈관조영학 교수의 자세하고 친절한 설명을 들었다. 지금은 방사선요법보다 화학요법이 유효하다고 나를 설득했다. 그의 의견을 따르기로 했다. 내일 시술에 들어가기로 했다. 그것이 옳다고 판단했으니 남은 건 신속한 행동이다. 신속한 판단과 과감하고 빠른 행동—이제 그것이 나의 새로운 법률이고 원칙이다. 더 이상 망설임과 지연은 내 사전에 없다.

III.

사람들이 간간이 카카오톡에 담아 보내오는 나의 어록들이 있다. 그때 거기에서 내 목소리 안에서 빛났던 말들. 그 말들과 목소리를 기억하자. 그 안에 내가 있었다. 내 존재의 힘이 있었다.

112.

시술의 아침. 병원 카페테라스에 앉아 있다. 커피가 달고 깊다. 길 건너 고궁의 지붕들, 그 너머 숲들, 그 너머 하늘, 모두가 아름답다. 성스럽도록 아름답다. 파란 버스가 정류장에 섰다가 떠난다. 출근하는 사람들이 바쁘게 계단을 오른다. 모두가 건강하고 밝고 가벼운 걸음이다. 하지만 그들은 세상의 성스러움과 아름다움을 미처 알지 못하리라. 나는 이제 그 세상과 삶의 본래적 축복을 안다. 그것들을 온몸으로 사랑하기 때문이다. 그 세상으로 나는 복귀할 것이다. 거기에서 사랑하고 행복할 것이다. 오늘이 그 첫날이고 지금이 그 아침이다.

9월

113.

몇 번씩 자다가 깬다. 그사이에 냇물처럼 꿈들이 지나간다. 깨어나면 이미 흘러가 돌아오지 않는 꿈들.

114.

슬프거나 어지러운 이야기는 아니다. 기억할 수 있다면 흐뭇한 미소를 짓게 될 것 같은 이야기들. 문득 꿈들이 내가 좋아하는 동요 속의 나뭇잎 배처럼 여겨진다. 엄마 곁에 누워도 자꾸 생각나는 나뭇잎 배. 지금도 혼자서 냇물 위에서 떠다니고 있을 나뭇잎 배. 그러고 보면 인생이 너무 외로운 것만은 아니겠다. 비록 우리는 꿈들을 두고 왔지만 그 꿈들은 나뭇잎 배처럼 지금도 생각이 나고 지금도 내 안에서 떠다니고 있을 테니까.

115.

그가 분명하게 알려주었다. 나는 지금 비상사태라는 걸. 그런데 정상상태처럼 지내고 있다는 걸. 그런 비정상 사태를 진정한 정상상태로 바꾸기 위해 지금 나는 비상사태를 필요로 한다는 걸. 새벽에 깨어나 두 개의 비상사태를 생각한다. 하나는 적극적인 대체 치료, 다른 하나는 본격적이고 체계적인 글쓰기. 밝아오는 아침부터 당장 시작할 일이다.

116.

사이사이 지나가는 천진하고 충만한 순간들이 있다. 시간이 흐르고 생이 존재하는 동안에는 필연적으로 존재하는, 그래서 결코 사라질 수 없는 중립의 시간이 있다. 그 어떤 불행의 현실도 이 불연속적 순간들, 무소속의 순간들, 뉘앙스의 순간들을 장악할 수 없고 정복할 수 없다. 그래서 불행의 현실들 속에서도 생은 늘 자유와 기쁨의 빛으로 빛난다.

117.

아침. 주영은 물건들을 챙기러 잠깐 귀가했다. 간호사가 혈액을 뽑아간다. 수액대를 끌고 병동 복도를 한 바퀴 걷는다. 돌아와 침대에 앉아 더운물을 마신다. 어제를 돌아보면 후회가 있고 내일을 바라보면 불확실하다. 그 사이에 지금 여기의 시간이 있다. 몹시 아픈 곳도 없고 깊이 맺힌 근심도 없다. 짧지만 온전히 나에게 주어진 시간—이 사이의 시간들은 내가 존재하는 한 사라지는 일 없이 또한 존재할 것이다. 끝없이 도래하고 머물고 지나가고 또 다가올 것이다. 이것이 생의 진실이고 아름다움이다.

10월

118.

지금 내가 도착해 있는 장소는 정확하다.
그러나 거기서 한 발 더 가야 한다.

119.

아버지의 아이:
세대의 유장한 이어짐은 결국 최초의 인간이 존재하는 근원으로 돌아가는 인간의 과정이다. 아버지가 꽃가마를 타고 떠나가는 곳. 흙 무너지는 소리가 강처럼 흘러서 찾아가는 곳.

—

Love is a traveler on the river of no return °
사랑은 유랑자, 돌아오지 않는 강 위를 유랑하죠

° M. 먼로, 〈돌아오지 않는 강River of No Return〉

120.

나는 사랑의 주체다. 그러나 나는 사랑을 할 줄 모르는 건 아닐까. 사랑을 줄 줄도 받을 줄도 모르는 건 아닐까.

/ 2 / .

내 안의 텅 빈 곳이 있었다. 돌아보면 그 텅 빈 곳을 채우기 위해 돌아다녔던 세월이 나의 인생이었다. 도서관을 헤매던 지식들, 애타게 찾아다녔던 사랑들, 미친 듯이 자기에게 퍼부었던 히스테리들, 끝없이 함몰했던 막막한 꿈들…… 그것들은 모두가 이 텅 빈 곳을 채워서 그 바람 소리를 듣지 않으려는 몸부림들이었다. 그러나 그 무엇도 그 텅 빈 곳을 채우지는 못했다. 이제 또 무엇이 내게 남아 있는 걸까. 무엇으로 이 텅 빈 곳을 채울 수 있는 걸까. 이제 남은 시간은 부족한데 과연 나는 그 텅 빈 곳의 주인을 찾을 수 있을까.

122.

나는 나를 꼭 안아준다.
괜찮아, 괜찮아……

123.

상황 판단 자체를 잘못하고 있다. 모든 것들이 잘되어가고 있다. 나는 그 상황의 행로를 따라가기만 하면 된다. 그런데 나는 자주 멈추고 의심하고 뒷걸음질을 친다. 상황의 사실과 내 오류의 판단 사이에 벌어진 어이없는 격리. 오랜 무기력은 이 본질적 착각의 결과다. 깨어날 것.

124.

나처럼 많은 사랑을 받아온 사람이 있을까. 그러나 받기만 하고 나는 그 사랑들에 응답하지 않았다. 그리하여 인색한 부자의 곳간처럼 내 안에 쌓여서 갇혀 있는 사랑들. 이 곳간의 자물쇠를 깨고 여는 일—거기에서 내 사랑은 시작된다.

125.

병은 자연이다. 나는 지금 내 안의 자연과 만나고 있다. 자연과 만난다는 것—그것은 나의 망각된 기원으로 돌아간다는 것, 나의 자연과 새로운 삶을 시작한다는 것이다. 비타 노바의 시간.

나의 기쁨들은 모두 어디에서 나를 기다리나.

127.

어제 퇴원했다. 오늘 아침 길가에 차를 세우고 거리를 구경한다. 오고 가는 사람들을 먼 풍경처럼 바라본다. 일상의 풍경이 더없이 소중하게 느껴진다. 어제오늘〈댈러웨이 부인의 꽃〉칼럼을 대강 마무리했다.《댈러웨이 부인》은 역시 옳다. 종이 울렸을 뿐 달라진 건 아무것도 없다.

128.

다시 요양원의 아침. 단풍들이 붉다. 잎들 사이로 햇빛은 투명하다. 새들이 크게 울고 멀어진다. 보들레르의 앨버트로스를 생각한다. 보들레르의 시들은 시인이 대신 날아오른 앨버트로스였다. 그 크고 부드럽고 자유로운 날갯짓……

129.

아침 산책. 단풍나무 아래 벤치에 앉아서 하늘을 본다. 새들이 빠르게 하강하더니 더 멀리 날아간다. 가을 하늘이 왜 그렇게 맑고 깊고 텅 비었는지 알 수 있을 것 같다. 봐, 나는 텅 비어 있어. 아무것도 가로막는 것이 없어. 사방이 열려 있어. 모든 곳이 길들이야. 그러니 날아올라. 날개 아래 가득한 바람을 타고……

12월

130.

검진 결과가 안 좋다. 조용하던 종양이 신생 핏줄을 만들기 시작했으니 또 색전 시술이 필요하다고 의사는 말한다. 다음 주 입원 날짜를 잡는다. 운전하는 주영의 얼굴이 석고상 같다. 집까지 가는 길이 한없이 멀어만 보인다.

/ 3 / .

불안이 심해진다. 자꾸 놀라고 쓸데없는 일들에 생각을 빼앗긴다. 스스로의 어리석음이 낙담스럽다. 그래도 결국 지나갈 거라는 걸 안다. 조용한 날들이 돌아올 거라는 걸 안다.

132.

새벽잠을 깬다. 돌아누우며 중얼거린다.
"행복, 기쁨, 평화……"

133.

바르트의 《애도 일기》를 뒤적인다. 그는 사랑을 잃었다. 나는 건강을 잃었다. 그래서 다 같이 낙담에 빠져 있다. 그런데 분명한 차이가 있다. 그는 완전히 잃었다(어머니는 죽었다). 나는 아직 많은 것을 지니고 있다(병에 걸렸지만 아직은 여러 면에서 건강하다). 바르트에 비하면 나는 사실 아주 소량을(물론 아주 중요한 것을) 잃었을 뿐이다. 그에게서 동병상련을 바라는 건 어불성설이다. 자기연민은 치졸하고 가엾다.

134.

운명의 한 해가 간다. 해는 가도 운명은 남는다. 나도 남는다. 나와 운명 사이에서 해야 할 일들도 남는다.

조용한 날들을 지키기.
사랑과 아름다움에 대해서 말하기를 멈추지 않기.

135.

그의 몸은 나날이 망가졌지만 정신은 나날이 빛났다, 라는 식의 역설은 옳지 않다. 몸을 지키는 일이 정신을 지키는 일이고 정신을 지키는 일이 몸을 지키는 일이다.

136.

내가 끝까지 살아남아야 하는 이유는 그것만이 내가 끝까지 사랑했음에 대한 알리바이이기 때문이다.

2018년

1월

137.

날이 갈수록 지친다. 이제는 모든 힘들이 소진된 걸까. 아니 그렇지 않다. 내게는 많은 힘들이 충분히 남아 있다. 그 힘들이 다만 무기력한 잠재력으로 고여 있을 뿐이다. 그걸 길어내어 모두 써야 한다. 아니면 나는 이 싸움에서 패배한다. 나는 살고 싶다. 나는 기어코 돌파해야 한다. 나의 사랑을 증명해야 한다.

138.

사랑과 아름다움에 대해서 말하기가 힘들다. 그 말들이 나이건만, 그 말들이 없으면 나도 없건만.
나는 말해야 한다. 사랑과 아름다움에 대해서 말하기를 멈추면 안 된다. 그것이 나의 존재에 대한 증명이다.

139.

내가 저지르고 그래서 나를 괴롭히는 패배들에는 근거가 없다. 다만 어리석음의 소치일 뿐.

—

다시 발레리:
"나의 장점은 어리석음이 아니다."

140.

이 기록들은 삶과 죽음의 경계를 통과한다. 그 경계 위에서 나는 매일 매 순간 심각하면서도 우스꽝스러운 댄스의 스텝을 밟고 있다. 그야말로 우스꽝스러운 줄타기.

/ 4 / .

경계의 시간 위에서 산다는 건 양자택일을(연속성이냐 불연속성이냐) 해야 한다는 것이다. 지금까지의 삶을 이어갈 것인가(물론 일상에 대한 자세는 달라지고 살아온 삶에 대한 정리 작업이 어느 정도 이루어지겠지만) 아니면 그 삶으로부터 완전히 돌아서서 다른 삶을 살 것인가. 논리적으로 존재론적으로 당연한 건 후자의 선택이다. 하지만 삶은 오래된 습관이어서 시간이 갑자기 달라졌다고 삶도 그렇게 단숨에 달라질 수는 없다. 새로운 나무를 심자면 오래된 습관의 나무를 캐어내고 토양을 비워야 하는데 질기고 깊은 과거의 뿌리를 캐어내는 일은 쉽지 않다(거의 불가능하다). 그래서 새로운 삶을 단호하게 선택한 사람도 그 결단과 기획을 즉각 실현할 수가 없다. 경계의 시간 위에서 우선 가능한 삶은 지난 삶의 연속성이냐 불연속성이냐가 아니라 또 다른 양자택일이다. 하나는 이전의 삶을 자세와 태도를 달리하면서 이어 사는 일이고 다른 하나는 새로운 삶을 위해서 토양을 비우는 작업, 오래된 습관의 뿌리를 캐어내는 우회 작업을 시작하는 것이다. 그런데 그 남겨진 시간 안에 그 우회 작업이 마무리될지는 미지수다. 뿌리는 깊고 질겨서 쉽게 토양을 비워주지 않는데 작업의 시간은 하루하루 빠르게 줄어든다. 그 추세로 보면 새로운 토양을 얻어 새로운 삶의 나무를 이식하기도 전에 경계의 시간이 마감될 가능성이 더 많다. 이 불확실성과의 대결이 프루스트의 말년이었다. 그가 침대 방에서 살아간 말년의 삶은 고적하고 조용한 삶이 아니었다. 그건 그 어느 때보다 바쁜 삶이었다. 침대 방에서 프루스트는 편안하게 누워 있지 않았다. 그는 매초가 아까워서 사방으로 뛰어다녔을 것이다. 그가 종일 침대 방에서 무엇을 했는지 셀레스트조차 모르지만 독자는 알 수 있다. 왜냐하면 그의 마지막 책은 100미터 달리기경주를 하는 육상선수의 필치와 문장으로 가득하기 때문이다.

2월

142.

적요한 새해 아침

차례도 모임도 방문도 없이 새해 첫날이 지나간다. 사촌 이내 가족이 중병이면 그해 차례를 접는 법이니 모두가 나 때문이다. 장손이 아프니까 조상님들도 걱정이 되어 굶기를 마다하지 않는 걸까.

143.

응급실

응급실에 왔다. 며칠 전부터 장천공(腸穿孔)이 있던 부분이 무겁고 불편해서다. 응급실은 만원이고 대기는 끝이 없어 보인다. 응급실은 삶과 죽음이 부딪히는 경계 영역이다. 고통으로 신음하면서도 사람들은 전화를 걸고 받으며 거래를 하고 통장 번호를 주고받는다. 병이 들었다고 생활이 용서해주는 건 아니니까. 또 응급실에 오면 사람들의 얼굴이 어쩐지 한 번쯤 만났던 것처럼 낯설지 않다. 마치 이름만 듣던 친척이 어느 날 문득 찾아오면 본 적 없는 그 얼굴이 어쩐지 낯설지 않고 익숙한 것처럼…… 그럴 때 가족에 대한 인식도 달라진다. 가족은 족보와 혈통의 범주를 초월하는 관계 영역이다. 세상에 가족이 있다면 특정한 족속이 아니라 인간 모두를 포함하는 인간 가족만이 존재한다. 그래서 프루스트도 이렇게 말했는지 모른다. "회고해보면 콩브레에 살았던 사람들의 얼굴들이 다 비슷하게 닮아 보인다. 그래서 콩브레의 추억은 인간 가족의 박물관처럼 여겨지기도 하는 것이다."

—

사람의 얼굴은 태어날 때와 죽을 때 다 똑같다. 삶의 시간들이 흐르면서 그 얼굴들이 저마다 구별되는 얼굴이 되고 개인의 얼굴이 되지만 알고 보면 그 고유하다는 개체의 얼굴마저도 사실은 본래의 얼굴로 되돌아가는 통과와 과정의 형상일 뿐이다. 마치 정해진 도착지를 향해서 달리는 기차가 도중에 지나가는 수많은 작은 역들이 서로 다른 풍경을 지니는 것처럼……

/ 4 4 .

하노버 중앙역

때로 몽환처럼 떠오르는 도시가 있다. 낯설고도 친숙한 도시, 가본 적도 없고 떠나본 적도 없는 도시—거기는 어디일까. 그리고 언젠가부터 그 미지의 도시는 내게 북독일의 하노버라는 이름으로 존재하게 되었다. 이유는 나도 모른다. 하노버는 오래전 동베를린을 통과하기 위해 잠시 정차해서 아마도 잠시 여권 조회를 받았던 도시였을 뿐이건만. 하기야 내가 그리는 미지의 도시가 하노버인 건 아니다. 그곳은 내게 하노버가 아니라 언제나 하노버—중앙역이기 때문이다. 즉 그곳은 다른 어느 도시에 도착하기 위해 지나가야 하는 통과역 혹은 관문이다. 그러고 보면 마쓰오 바쇼의 여행기에도 관문이라는 단어가 자주 나온다. 그의 하이쿠 여행은 매번 관문을 통과해서 또 다른 마을로 들어서는 일이다. 그는 그렇게 관문을 지나 새로운 땅으로 들어설 때마다 하이쿠 한 편씩을 발자국처럼 남겼다. 하노버 중앙역도 내게는 바쇼의 관문과 같은 것이리라. 그런데 바쇼는 그렇게 관문들을 지나며 어느 곳에 도착하려던 것이었을까. 나 또한 하노버 중앙역들을 지나며 어디에 도착하려는 걸까.

/ 4 5 .

은혜와 공로

돌아보면 살아온 일들이 꿈만 같아서 모두가 고맙다. 나는 평생 누군가의 덕분으로 살았지 나 자신의 능력과 수고로 살지 않았다는 걸 스스로 너무 잘 안다. 갚아야 할 것들이 너무나 많다. 내가 가진 것들이 있다면 그건 모두가 내 것이 아니라 그들의 것이다. 이별의 행복, 그건 빈손의 행복이 아닌가.

146.

소리가 있다.

사이사이로 지나가는 소리,
살아 있는 소리,

일상의 소리.

3월

147.

바쇼

정말 조용한 날들을 살아갈 수는 없을까. 외로운 뻐꾸기와 철없는 개구리 사이에서 살아가는 바쇼의 나날들. 담장을 넘나드는 나비들, 눈물을 흘리는 물고기들과 떠나는 오쿠로 여행길.

148.

나타남

"얼마나 걸어가야 절이 나오나요?"
라고 물으면 촌부는 이렇게 대답한다.
"이자뿌리고 그냥 가소. 그라면 나오니께……"

149.

유년과 유서

2주에 한 번 모임을 갖기로 했다. 거기서 나의 유년에 대해서, 내 마음의 원전에 대해서 짧은 강의들(이야기들)을 하기로 했다. 내 유년 안에는 세 명의 아이가 들어 있다. 잠 못 드는 아이, 부르는 아이, 이야기꾼 아이, 그런데 나는 왜 나의 유년에 대해서 말하고 싶은 걸까. 유년에 대한 글쓰기를 유서 쓰기로 여겼던 이들이 있었다. 발터 베냐민, 프루스트……

150.

프루스트의 공간

프루스트의 소설 공간은 둘이다. 하나는 생의 공간. 이 공간은 점점 더 수축하고 그 끝에 침대가 있다. 이 침대보다 더 작은 공간이 관이다. 또 하나의 공간은 추억의 공간. 이 공간은 생의 공간이 수축할수록 점점 더 확장되어서 마침내 하나의 우주를 연다. 그것이 회상의 공간이고 소설의 공간이다.

/ 5 / .

병원에서

요즈음은 별로 불편한 게 없네요, 라고 나는 말한다. 그게 문제죠, 라고 의사는 말한다. 암 자체는 불편하게 만들지 않아요. 다만 점점 자라날 뿐이죠. 그러다 종양이 혈관을 막고 장기를 누르게 되면 몸이 불편해지는 거죠. 몸이 편하다고 마음을 놓을 수는 없죠. 오히려 몸이 편할수록 암의 상태를 의심해야죠.

/ 5 2 .

롤랑 바르트의 《애도 일기》

《애도 일기》는 슬픔의 셀러브레이션이다. 이 텍스트가 말하고자 하는 건 명확하다. 그건 무력한 상실감과 우울의 고통이 아니다. 그건 사랑을 잃고 '비로소 나는 귀중한 주체가 되었다'는 사랑과 존재의 역설이다.

153.

사랑과 죽음

사랑이란 무엇인가. 그건 나의 죽음이 누군가를 죽게 하고 누군가의 죽음이 나를 죽게 만든다는 것이다.○

○ 롤랑 바르트,《사랑의 단상》

4월

154.

어떤 특별함

나에게는 그 어떤 특별한 것이 있다. 그것이 과연 나의 포즈일 뿐인가. 그건 아닌 것 같다. 그걸 스스로 폄하하는 건 옳지 않다. 그런데 그 특별한 건 무엇일까.

155.

노무현

잠들 때마다 노무현 대통령의 유튜브를 틀어놓는다. 그의 목소리 혹은 그를 애도하는 목소리들과 함께 잠을 청하고 잠이 든다. 그의 죽음은 나에게 무엇일까.

156.

아침에 일어나 TV 드라마를 본다. 뛰어가던 아이들이 녹색 바람개비를 떨어뜨린다. 여자가 바람개비를 집어 든다. 그때 바람이 불고 바람개비가 점점 빠르게 돌다가 막 돈다.

157.

초의 선사는 추사가 죽고 두 해 뒤에 망자의 묘 앞에서 말했다고 한다. "꽃이 고우면 비가 내리는 법이구려."

158.

수원 봉녕사에 다녀왔다. 25년 전 아우가 사십구재를 마치고 이승을 떠난 곳. 그때 나는 독경 소리를 뒤로 들으며 대웅전을 나왔었다. 마당에 가득하던 초여름 햇살 저편 수돗가에서 젊은 팔을 걷고 흰 무우를 씻는 비구니들의 웃음소리가 햇살처럼 청명했었다. 그 웃음소리를 들으며 나는 아우를 보냈던가 붙들었던가. 모르겠다. 다만 세상과 삶의 부조리만이 깊이 가슴에 각인되었을 뿐. 그때 아우는 떠나는 자였고 나는 보내는 자였다. 그사이 세월이 제자리로 돌아온 걸까. 지금은 내가 떠나야 하는 자리에 선 걸까. 오늘 나는 여기에 왜 다시 왔을까. 그를 만나기 위해서일까, 나를 만나기 위해서일까. 오후에 날이 흐리더니 돌아가는 길에 비가 내리기 시작했다.

159.

선한 사람이 된다는 건 온전히 기쁜 사람이 된다는 것이다. 선함이 사랑하는 정신의 상태라면 기쁨은 사랑받는 육체의 상태이기 때문이다.

160.

지금 나의 신체는 지나간 옛 신체들의 앨범이다.

161.

생은 불 꺼진 적 없는 아궁이. 나는 그 위에 걸린 무쇠솥이다. 그 솥 안에서는 무엇이 그토록 끓고 있었을까. 또 지금은 무엇이 끓고 있을까.

162.

왜 기억하는가.
그건 망각하기 위해서다.

왜 쓰는가.
그건 지우기 위해서다.

왜 망각하고 지우려 하는가.
그건 새로운 삶들을 기록하기 위해서다.

163.

레닌은 말했다고 한다.
"모든 이론은 회색이다. 오직 저 종려나무만이 푸르다."

164.

우리는 모두 '특별한 것들'이다.
그래서 빛난다.
그래서 가엾다.
그래서 귀하고 귀하다.

5월

165.

산책. 하늘은 맑고 바람은 부드럽다. 잔디 광장 한곳에 노란 옷을 입은 아이들이 가득하다. 무슨 게임이 시작되었는지 아이들은 시끄럽고 스피커는 더 빠르게 동요를 부른다. 오색의 공들이 하늘로 솟았다가 초록 잔디 위로 떨어져 구른다. 범속한 오월의 오전. 삶은 또 하루 제 갈 길을 간다.

166.

노인 병원. 파라솔 아래 백발의 노파가 휠체어에 앉아 있다. 할머니, 금방 갔다 올게요. 간병인은 방금 그곳을 떠났다. 노파는 한 손에 휴대폰을 쥐고 스낵을 우물거린다. 그러다가 고개를 들고 코발트빛 허공을 올려다본다.

167.

가는 봄이여
새는 울고 물고기
눈에는 눈물。

물고기 눈에는 눈물—봄이 가면 물고기도 운다. 젖은 눈을 눈물로 또 적시며 슬퍼한다. 하지만 먼 하늘을 보면 가는 봄을 너무 슬퍼할 일만은 아니다. 오고 가고 또 가고 다 가오는 것들—생은 덧없어 가지만 또 도래한다. 소멸은 안타깝지만 덧없음이 없으면 저 빛나는 생의 찬란함 또한 어떻게 존재할 수 있을까. 그러니 물속의 물고기야 울지 말자. 그래도 울고 싶으면 도래하는 생의 찬란함을 환대하는 기쁨으로 울자꾸나.

○ 마쓰오 바쇼

168.

종소리 사라져
꽃향기 울려 퍼지는
저녁이로세。

그런데 꽃향기가 먼저일까 종소리가 먼저일까. 이 또한 부질없는 질문일 뿐. 다만, 종소리도 꽃향기도 '저녁'보다 '아침'이면 더 좋지 않을까.

○ 마쓰오 바쇼

169.

범종에 앉아
하염없이 잠자는
나비 한 마리◦

범종이 울면 나비가 깨어나고
나비가 깨어나면 범종이 운다.

◦요사 부손

170.

3일 동안 폭우. 매일 날이 흐리고 마음도 흐리다. 비 그치면 어지러운 마음도 고요를 찾을까. 어제는 밤새 잠을 설쳤다. 여기저기 문 두드리는 심정.

프루스트:
"……그러나 우리가 낙담해서 문 찾기를 그만두려 할 때 거짓말처럼 눈앞에서 문은 열린다."

문은 언제 어디에서 열릴까.

171.

글렌 굴드:
"나는 글보다 악보 읽는 법을 먼저 배웠다."

굴드만이 아니다. 누구나 노래를 먼저 배운다. 그리고 결국 그렇게 먼저 배운 것으로 돌아간다. 돌아보면 글자들은 모두가 첫 스승에게로 돌아가기 위한 지도 그리기였다. 그 어지러운 지도 속의 우회로들……

172.

아침 산책. 전선줄 위에 새들이 음표처럼 앉아 있다. 비 갠 빈 하늘이 푸른 악보 같다. 마음의 바닥을 내려다보면 거기에도 전선들이 그어져 있다. 그 위에 새들이 아니라 눈물들이 매달려 있다. 혹시 울음도 연주가 아닐까. 지금 내가 정말 울면 그 눈물들이 새처럼 음표가 되지 않을까. 추락하는 눈물들이 어떤 노래가 되지 않을까. 그 어떤 비상의 노래……

6월

173.

"……그러는 동안, 이윽고 도착한 시로가마 포구에서 절의 저녁 종소리가 울려 퍼지는 것을 쓸쓸히 듣고 있었다. 장마 속의 하늘도 잠시 구름이 걷혀서 초저녁 달빛이 훤하게 비추므로 마가키섬도 바로 눈앞에 건너다보인다. 조그만 어선들이 연이어서 포구로 돌아와 잡은 생선을 나누고 있는 소리를 듣자니, 옛사람이 '해변의 돛단배/밧줄이 서글퍼라'라고 읊었던 심정이 실감 나서 한층 감회가 깊다."○

○ 마쓰오 바쇼,〈오쿠로 가는 길〉

174.

응어리는 이미 둔 바둑판처럼 남겨두기로 하죠.

175.

"오 초라한 고결함이여. 너는 다만 이름뿐이겠지만 나는 너를 진정으로 공경했다. 그러나 이제 너는 가엾은 운명의 희생물이 되었구나."○

○ 브루투스의 마지막 말

176.

하와이섬에서 화산이 터졌다. TV 화면은 분출한 용암들이 사방으로 붉고 뜨거운 가지를 치는 걸 보여준다. 부끄럽다. 나는 무력한 휴화산일 뿐이다. 내 안에도 저런 뜨거운 마그마들이 부글거리건만……

177.

K에게서 카카오톡이 왔다. 객혈 때문에 응급실에 있다는 소식. 그러면서 그는 자세한 병세와 응급실 사진들을 보낸다. 심지어 침대에 누운 셀프포트레이트 self-portrait 도 있다. 이번에도 나는 그가 경이롭다. 그는 늘 자기를 객관화할 줄 안다. 그래서 늘 자기에게서 머물고 자기를 지킨다. 나는 늘 나를 주관화한다. 그래서 늘 내게 머물지 못하고 나를 지키지 못한다. 나는 분명 그보다 더 많이 공부했지만 스승은 내가 아니라 오히려 그다. 부끄러운 일이다.

178.

늙은 제주 해녀들. 리포터가 묻는다. "뭍에 올라오면 그렇게 허리가 아픈데 어떻게 바다 일을 하시나요?" 늙은 해녀가 말한다. "물질을 사람 힘으로 하는가. 물 힘으로 하는 거지……" 위기란 무엇일까. 그건 힘이 소진된 상태가 아니다. 그건 힘이 농축된 또 하나의 상태이다. 위기가 찬스로 반전되는 건 이 힘들의 발굴과 그것의 소용이다. 나는 아직 그걸 모르고 있는 걸까.

179.

나의 그리운 유토피아.
왠지 마음이 따뜻하게 설레고 왠지 기쁨이 자꾸 솟아나는 그곳.

180.

어쩌면 꽤 많은 시간이 내 앞에 남아 있는지도 모른다는 예감. 그렇다면 지금과는 다른 삶의 자세가 또한 마련되어야 하지 않을까. 나의 불행들은 늘 너무 지독하지 않았으며 그래서 나 또한 늘 나를 찾고 지킬 수 있었다는 사실. 특별히 새로운 자세가 따로 있는 건 아닐 것이다. 그저 내 본래의 자세에게로 다시 돌아가면 될 뿐.

/ 8 / .

병원 벤치에 앉아 있다. 날은 맑고 병원 앞마당에는 햇빛이 가득하다. 휠체어에 앉은 이들이 오고 가며 해바라기를 한다. 저편 파라솔 그늘 아래서 한 사람이 졸고 여자가 그의 이마에서 땀을 닦아줄 때 문득 바람이 분다. 마른 장미 잎들이 우수수 떨어져 앞마당 햇빛 속으로 굴러간다.

182.

병원 벤치. 휠체어에 앉은 노파 앞에서 반백의 남자가 취한 목소리로 중얼댄다. "어머니 내가 너무 피곤해요, 사는 게 너무 힘들어요……" 그의 들썩이는 뒤통수를 말없이 쓰다듬는 휠체어의 노파.

183.

사랑에 대해서 아름다움에 대해서 감사에 대해서 말하기를 멈추지 않기. 천상병은 노래한다, 세상은 아름답다고, 인생은 깊다고, 살아서 좋은 일도 있었고 나쁜 일도 있었다고, 그러니 바람아 씽씽 불라고…… 이번 〈한겨레〉 칼럼은 천상병에 대해서 썼다. 어느 정도 만족.

184.

아침의 병원 앞마당. 휠체어에 앉은 남자와 벤치에 앉은 여자. 여자가 씹던 껌으로 풍선을 만들더니 남자의 얼굴 앞에서 터트린다. 웃음이 터지고 서로 포옹하는 두 사람. 병원 앞마당에는 햇빛이 가득하다. 문득 확인하는 한 사실. 그래 나는 나를 오해하고 있다. 나를 제대로 이해하는 일이 필요하다.

185.

사랑의 마음이란 무엇인가. 그건 내부에만 거주하는 것이 아니다. 그건 외부로의 표현이다. 사랑의 마음, 그건 사랑의 행동과 동의어다.

186.

나의 장점은 어리석음이 아니다, 라고 발레리는 말한다. 나는 지금 어리석음을 장점인 줄 알고 있다. 돌아보면 사랑들이 지천이다. 그런데 나는 이 사랑들에 응답하지 않는다. 그것이 지금 나의 어리석음이다.

187.

병원 앞마당. 날이 흐리고 덥다. 문득 하모니카 소리가 들린다. 휠체어에 앉은 노인이 연주를 하는 중이다. 〈과수원 길〉, 〈산들바람〉, 〈오빠 생각〉…… 그제야 늘 서 있던 노변의 자리에 과일 트럭이 없는 걸 발견한다. 어쩐지 섭섭한 마음. 그러다 싱긋 웃음이 나온다. 그래, 그는 과일 나라로 갔을 거야. 거기서 과일을 따면서 저 하모니카 소리를 듣고 있을 거야……

188.

나의 존재 자체가 축복이고 그래서 사랑받을 자격이 충만함을 알게 하고 경험케 한 부모님에 대한 기억.

189.

이원과 밤 산책. "아빠 힘들어요?" "글쎄 좀 그러네." "그래도 아빠 지금까지 잘해왔잖아. 그러니까 염려 말아요. 앞으로도 계속 잘할 거니까……" 그러고 보니 정말 그동안 잘 건너왔다. 또 그렇게 잘 건너갈 것이다…… 문득 밤바람이 불고 잎들이 몸을 흔든다. 발밑에 앉아 있던 마리가 덩달아 짖는다. 멍멍멍……

190.

두서없이 오가는 단어들: 합리성과 미메시스, 화해, 멋진 자기유지Wunderbare Selbsterhaltung, 감사, 건강한 마음과 몸, 길찾기, 한 번은 아무것도 아니다Einmal ist keinmal……

191.
후배 생각

그의 아내는 말했었다.
그는 와병 중에 늘 감사와 겸손을 잊지 않았다고

192.

자유란 무엇인가.
그건 몸과 함께 조용히 머무는 행복이다.

1 9 3 .

다시 프루스트:
"우리가 모든 것들을 잃어버렸다고 여기는 그때 우리를 구출하는 순간이 찾아온다. 우리가 그토록 찾았던 그 문을 우리는 우연히 두드리게 되고 그러면 마침내 문이 열리는 것이다."○

○ 마르셀 프루스트, 《되찾은 시간》

194.

밉긴 왜 미워요, 라고 그는 웃으며 말한다. 그래, 내게도 미움 같은 건 없다. 돌아보면 그 무엇, 그 누군가를 내가 못 견디도록 미워해본 적이 있었던가.

195.

군포 병원으로 면역 항암제를 맞으러 가는 길. 꽉 막힌 고속도로 느릿느릿 움직이는 차들을 내다보다가 갑자기 떠오르는 어머니 얼굴. 강렬한 그리움, 아니 그리움이 아니다. 살아서 한 번도 품어보지 않았던 욕망의 충동. 어머니의 품 안에 안기고 싶은, 아니 품 안으로 파고들고 싶은, 그렇게 어머니의 몸속을, 그 몸 안의 어떤 갱도를 통과하고 싶은 절박한 충동. 흙으로 돌아가기 위해 시멘트 바닥을 천공하는 지렁이처럼.

196.

병원 가는 아침, 비가 내린다. 차창 밖으로 보이는 작은 카페의 테라스를 지나간다. 나도 모르게 떠오르는 미소. 그래, 지난날 나는 이런 날 저런 테라스를 그냥 지나칠 수 없었으리라. 테라스에 잠시 앉아 뜨거운 커피를 마시며 젖어가는 거리를, 지나는 사람들을 바라보았으리라. 그야말로 무연히, 아무 생각 없이 사방으로 나를 열어놓은 채…… 그때의 행복감, 그때의 자유를 나는 얼마나 사랑했었는지……

197.

산책길. 갑자기 가슴이 충만해진다. 내 안에 가득한 사랑들, 아름다움들. 그 찬미의 마음과 문장과 단어들과 음표들. 모든 것들이 이미 내게 있다. 나는 노래를 부르기만 하면 된다. 팡제라의 아이처럼 우렁차게……

—

바르트:
"디스카우는 노래를 세련되게 꾸민다. 하지만 팡제라는 달랐다. 팡제라는 나에게 마음껏 노래하는 성악법을 가르쳐주었다. 외로운 아이가 벌판에서 온 가슴으로 노래를 부르는 것처럼……"

198.

나는 슬픈 노래가 좋다. 그 슬픔을 싣고 흘러가는 멜로디의 기쁨이 좋다. 나는 즐거운 노래가 좋다. 그 즐거움을 따라가며 웃는 슬픔의 조용한 미소가 좋다.

199.

오, 세월이여, 지나간 날들이여, 나의 기쁨들, 즐거움들, 사랑들, 행복들이여. 그리고 아픔과 슬픔과 외로움들이여. 이제 나는 조용한 시간으로 돌아와 너희들을 다시 그리워하고 추억한다. 내가 너무도 사랑하였고, 지금도 오늘 여기인 것처럼 내 마음속에서, 내 눈앞에서 찬란히 빛나는 너희들, 오, 그토록 아름다웠던 것들이여.

200.

언젠가 어딘가에 적었던 말. 간절할 때 마음속에서 혼자 또는 누군가에게 중얼거리는 말들, 그게 다 기도란다—기도하는 법을 배운다. 나를 위해서, 또 타자들을 위해서……

7월

201.

〈요한계시록〉 21장 4절:
"다시는 사망과 애통과 눈물이 없으리니 모든 처음이 다 지나갔음이라."

—

성경은 새날의 기쁨을 찬양하는 책이다. 그런데 그 놀라운 축복의 새날이란 어떤 사건의 날인가. 그건 기억이 아니라 망각의 사건이다. 망각의 셀러브레이션—그것이 성경을 관통하는 주제다.

202.

글쓰기는 나를 위한 것이 아니라고, 그건 타자를 위한 것이라고 나는 말했다. 병중의 기록들도 마찬가지다. 이 기록들은 나를 위한 것이 아니라 내가 떠나도 남겨질 이들을 위한 것이다. 나만을 지키려고 할 때 나는 나날이 약해진다. 타자를 지키려고 할 때 나는 나날이 확실해진다.

203.

내가 사랑했던 것들. 그 모든 것들을 나는 여전히 사랑하고 있다. 이전보다 더 많이 더 많이…… 이것만이 사실이다.

204.

병원에 다녀왔다. 결과가 안 좋다. 기대를 걸었던 면역 치료는 소용이 없었다. 종양은 그사이 더 자랐다. 입원 지시를 받았다. 돌아오는 길에 저녁 산책을 했다. 바람은 신선하고 맑고 부드럽다. 허공에 맴도는 잠자리들은 흥겹다. 세상은 여전히 아름답다. 나는 이 세상을 마지막까지 사랑할 것이다. 그것만이 나의 존재이고 진실이고 의무이다.

205.

돌아보면 내가 누군가들 앞에서 무언가를 얻기 위해서 비굴한 모습을 보인 적이 있었던가. 그런 적은 없었다. 그게 나다.

206.

병원 벤치에서 먼 하늘을 본다. 구름 한 점 없다. 맑고 깊고 드넓다. 모든 것들이 노래처럼 오고 가고 또 와서 간다. 스완의 노래란 이런 것이 아닐까.

207.

주말 오후 카페테라스에서 시간을 보낸다. 한곳에서 중년의 여자들이 모여서 수다를 즐긴다. 가끔씩 섹스라는 단어가 건너온다. 저편 원탁에는 남자들이 모여서 정치 얘기를 한다. 모두들 등산복을 입었다. 다른 곳 테이블에서는 하나님이라는 단어가 자주 건너온다. 나는 그냥 거리 풍경을 바라본다. 나는 아무 말도 하지 않는다. 그냥 오후의 햇빛, 부드러운 바람, 달리는 자동차, 자전거 타는 사람, 걸어가는 사람들을 바라본다. 무의미의 시간. 그냥 흘러가는 시간. 순간도 영원도 아닌 어쩌면 그 모두인 저무는 휴일 오후의 시간. 생이 농익어가는 셀러브레이션의 시간. 뫼르소의 시간. 니체의 시간—아 여기서 더 무엇이 필요한가.

208.

2주 전부터 왼쪽 고관절이 불편하다. 걸을 때마다 통증이 있어 오래 걷기가 힘들다. 척추 협착이 있어 평소에도 편치는 않았던 곳이지만 양상과 조짐이 조금 다르다. 지난주 CT 소견에도 전이 가능성에 대한 의심이 적혀 있었다. 지난겨울 장천공으로 열흘을 금식한 뒤에 나는 43킬로그램이었다. 내가 병원 복도를 걸어가면 해골 표본이라도 보는 듯 사람들이 힐끔거리곤 했다. 그때에도 나는 휘청거리는 몸을 꼿꼿하게 세우고 직립보행을 하려고 애썼다. 그리고 힘들지만 그 보행을 지켜낼 수 있었다. 그건 지금도 마찬가지다. 모든 것은 걷는다. 몸도 정신도 마음도 걷는다. 보행이 생이다. 나는 이 보행의 권위와 자존감을 지켜야 한다.

209.

병은 시간에 대한 관념으로부터 깨어나게 만든다. 환자가 아니었을 때 나는 자주 읽게 되는 암 환자의 5년 생존율에 대한 이해가 없었다. 5년이라는 시간이야 더 모자라면 어떻고 더 길어지면 또 무슨 대수이냐고만 여겼었다. 그때 유한성의 경계는 멀고 시간은 다만 추상적 길이에 지나지 않았다. 그런데 지금 내게 시간은 더는 추상적 길이가 아니다. 그건 구체적이고 체험적인 질량이고 무게이고 깊이다. 그러니까 관념적인 것이 아니라 육체적이고 감각적인 것이다. 시간은 이제 내게 존재 그 자체이다.

210.

아침부터 세우가 내린다. 우산을 들고 산책을 한다. 걷다가 서서 하늘을 바라본다. 하늘은 잿빛이다. 그래서 더 멀고 더 깊어 보인다. 누군가 세상을 떠나면 흔히 그 사람이 '하늘나라로 갔다'고 말한다. 이 말은 얼마나 숭고하고 성스러운가. 하늘로 가는 건 승천이다. 승천은 성자만이 한다. 우리는 마지막에 모두 성자가 되는 걸까.

211.

몸무게를 달아본다.
자꾸 마른다.
자꾸 가벼워진다.
나중에 나는 날아오르게 될까.

2 / 2.

지금이 가장 좋은 때다. 지금이 가장 안전한 때다. 지금은 '아직 그때가 아니기' 때문이다. 아직 오지 않은 것은 힘이 없다. 지금 여기가 아닌 것은 힘이 없다. 지금과 그때 사이에는 무한한 지금들이 있다. 그것들이 무엇을 가져오고 만들지 지금은 모른다.

2 / 3 .

그로부터 문자가 왔다. 그의 말들 안에는 언제나 잘 보살 피라는 부탁이 들어 있다. 그 한마디가 늘 나에게 위안을 준다.

214.

바르트의 《애도 일기》를 뒤적인다. 부끄럽고 괴롭다. 그의 고통들은 모두가 마망 때문이다. 마망의 상실 때문이다. 그의 고통들은 타자에 대한 사랑 때문이다. 그러면 나의 고통은 무엇 때문인가. 그건 오로지 나 때문이다. 나는 나만을 근심하고 걱정한다. 그 어리석은 이기성이 나를 둘러싼 사랑들을 잊어버리게 만든다. 사실 나는 바르트보다 지극히 행복한 처지다. 그는 사랑의 대상을 이미 상실했다. 그러나 내게 사랑의 대상들은 생생하게 현존한다. 나는 그들을 그것들을 사랑하기만 하면 된다. 그러기만 하면 된다.

215.

환자의 삶을 산다는 것—그건 세상과 인생을 너무 열심히 구경한다는 것이다. 소풍을 끝내야 하는 천상병의 아이처럼. 고통을 열정으로 받아들였던 니체처럼.

216.

유튜브에서 우연히 이정희 의원의 연설을 들었다. 우리, 꿈, 사랑이라는 단어들이 여러 번 지나갔다. 갑자기 먹먹해지는 가슴, 오랜만에 재회하는 공적 열정, 사랑과 꿈 그리고 정치는 하인리히 하이네에게 로자 룩셈부르크에게 이후 베냐민과 아도르노, 에른스트 블로흐에게 서로 다른 개념이 아니라 하나의 동의어였다. 사랑과 꿈이 없는 정치라는 게 과연 가능한가, 그런데 오늘날 정치는 이 자신의 동의어를 배반하고 망각해버렸다.

217.

가벼운 원피스를 입은 여자가 자전거를 타고 온다. 페달을 멈추고 언덕길을 내려오다가 집 앞 단지 마당길 모퉁이로 들어서는 긴 타원의 부드러움은 더없이 아름답다. 그 아름다움은 근거 없는 확신의 아름다움이다. 나는 여인을 바라보며 중얼거린다. 그래 저 여자는 사랑의 이별을 하고 돌아온 거야, 마음이 너무 아프고 슬픈 거야, 하지만 이제 그녀는 그 슬픔에서 벗어나 분명히 행복해질 거야…… 돌아보면 내게도 근거 있는 확신들이 있었다. 하지만 그것들은 빗나갔거나 맞았어도 바랐던 행복을 가져다주지는 못했다. 오히려 나를 살게 한 건 그 어떤 근거 없는 확신들이 아니었을까. 그럴 만한 이유도 증거도 조건도 없었지만 그래서 아무런 근거도 없었지만 가슴을 부풀게 하고 설레게 하고 떨리게 했던 희망과 사랑과 행복에의 확신들이 있었다. 그래 나는 패배하지 않을 거야, 나는 나를 잘 지켜낼 거야, 결국 나는 그 사랑을 다시 찾을 거야, 행복해질 거야, 그런데 그 확신이 왜 지금은 있으면 안 되는가.

걱정하지 마, 라고 주영이 말한다.
그래 걱정하지 않을 게, 라고 대답한다.

걱정하지 않으면 무엇이 대신 남을까.
명랑성.

219.

날이 너무 덥다. 산책하는 일도 힘들다. 걸으면 고관절 통증이 있기도 하지만 뜨거운 열기 속을 걷는 일이 통 엄두가 안 난다. 하기야 환자가 아닐 때도 늘 여름 나기가 힘들었다. 대기 안에 빈틈없이 밀집한 생명의 에너지들, 맹목적인 생육과 생장의 열기를 나는 어쩐지 감당하기가 힘들었다. 그래서 여름이면 늘 한 장소를 그리워하면서 찾아다녔다. 그곳은 '바람이 통하는 서늘한 곳'이다. 그러고 보면, 그건 뫼르소의 취향이기도 하다. 그도 하늘 한가운데 붙박여서 맹목적으로 달아오르기만 하는 태양, 바다의 파도마저도 납물처럼 끓어오르게 만드는 그 눈먼 태양의 열기를 견디지 못한다. 그래서 그가 사랑하는 한 장소, 해변 저 끝에 있는 샘물이 흐르고 바람이 지나가는 서늘한 곳을 찾아간다. 하지만 그 앞을 아랍 남자가 막아서고 마침내 햇빛 한 조각처럼 칼날의 빛이 눈을 찔렀을 때 그는 자신도 모르게 권총의 방아쇠를 당긴다. 그리고 그는 있는 줄도 몰랐던 낯선 세계로 이방인이 되어 끌려들어간다. 이 뜨거운 여름, 나도 바람이 지나가는 서늘한 곳이 간절히 그립다. 하지만 병이 아랍 사람처럼 그곳을 가로막고 있다. 그러나 나는 뫼르소처럼 방아쇠를 당길 필요가 없다. 언젠가 나는 이 아랍 사람을 통과할 것이고 이방인처럼 어느 낯선 세상으로 들어서게 될 것이다. 그곳은 어디일까, 거기 또한 바람이 지나가는 서늘한 곳일까, 그러면 얼마나 좋을까.

220.

아침. 다시 다가온 하루. 또 힘든 일들도 많으리라. 그러나 다시 도래한 하루는 얼마나 숭고한가. 오늘 하루를 정중하게 환대하기.

221.

며칠째 계속되는 하강. 그러나 생은 쌍곡선 운동이다. 어딘가에서 하강할 때 또 어딘가에서는 상승한다. 변곡점이 곧 다가오리라. 거기서 나는 새의 날개가 되어 기쁨의 바람을 타고 떠오를 것이다.

222.

계모 주부인은 왕상(王祥)을 미워하여 몹시 가혹하게 다루었다. 그러나 왕상은 주부인을 매우 정성 들여 섬겼다. 집의 마당에 오얏나무 한 그루가 있었는데 열매가 매우 탐스러웠다. 계모는 항상 왕상에게 그것을 지키라고 했다. 때때로 한밤중 내내 비바람이 갑자기 몰아치면 왕상은 나무를 끌어안고 큰 소리로 울었다.

이 일화에서 중요한 건 왕상을 죽이려는 계모의 악덕도 그 계모를 정성 들여 섬기는 왕상의 효심도 아니다. 그건 열매가 탐스러운 오얏나무다. 왕상은 왜 그 오얏나무를 껴안고 슬피 울었을까. 함께 슬퍼한다는 것, 그것은 반드시 함께 메마르는 것만은 아니다. 그건 그 슬픔의 크기만큼이나 풍성하게 열매를 맺는 일이기도 하다. 오얏나무의 풍성한 열매는 왕상을 가엾이 여기는 오얏나무의 슬픔이었다. 왕상은 그걸 알았고 오얏나무를 사랑했고 그래서 오얏나무를 껴안고 목 놓아 울었던 것이다.

내가 때로 이 빛나는 세상을 껴안고 울고 싶은 것도 같은
까닭에서 일까.

223.

임종의 날 아제는 새벽 발코니의 창문을 열고 텅 빈 파리를 향해 외쳤다: "여기 외젠 아제가 죽는다!"라고.

병중의 말기 김현은 새벽에 일어나 어두운 거울 속을 들여다보며 외쳤다: "나는 아직 살아 있다!"라고.

그런데 이 두 외침 사이에 차이가 있을까. 그건 하나의 사실에 대한 반어적 동어반복이 아닐까. 그래서 나는 아침 산책길 서늘한 곳에서 작열하는 세상을 향해서 외친다: "나는 사랑한다!"라고.

224.

첼로를 켜는 노회찬 의원의 사진은 감동적이다. 그 사진은 정치의 본질이 무엇인가를 보여준다. 정치의 본질은 권력이 아니다. 정치의 본질이 하이네에게 시였듯 노회찬 의원에게는 음악이다. 그런데 음악이란 무엇이고 어떤 세상인가. 그것은 사랑과 꿈을 간직한 가슴이고 그 가슴을 지닌 정치와 정치가만이 도달할 수 있는 세상이다. 노회찬 의원이 스스로를 버리면서까지 지켜야 했던 진실 그건 다름아닌 사랑과 꿈 그리고 정치의 변주곡을 연주하는 그의 첼로였으리라.

225.

먼 하늘을 본다. 큰 숨을 한 번 쉰다. 그리고 웃는다.
이게 다 무슨 우매한 짓인지……

—

K의 문자:
……선생님, 힘내세요, 다시 한 번 힘내세요……

늘 받아보던 평범한 격려의 인사. 그런데 정말 다시 한 번 힘을 내야하고 낼 수 있을 것 같다. 왜일까. 그녀도 깊은 병중이기 때문일까.

—

힘이 없다. 많이 힘들다. 그러나 나는 힘들다고 말하지 않는다. 그 대신 그동안 잊었던 나의 주제를 기억한다.

그래, 나는 사랑의 주체다. 사랑의 마음을 잃지 말 것. 그걸 늘 가슴에 꼭 간직할 것.

8월

226.

화해.
다투지 않기.

227.

110에 89······ 36.9······ 다 좋아요, 라고 간호사가 말한다.
그래 다 좋다, 그러니 감사뿐.

228.

건너가기,
넘어가기,
부드럽게 여유 있게.

229.

사랑의 마음,
감사의 마음,
겸손의 마음,
아름다움의 마음.

230.

무엇이 문제인가.

231.

가고 오고 또 가고.

232.

잘 보살피기.

233.

적요한 상태.

234.

내 마음은 편안하다.

작가의 말

2017년 7월 암 선고를 받았다. 그동안 이어지던 모든 일상의 삶들이 셔터를 내린 것처럼 중단되었다. 병원 생활이 시작되었고 환자의 삶을 살기 시작했다. 그렇게 꼭 13개월이 지났다. 이 글은 그사이 내 몸과 마음 그리고 정신을 지나간 작은 사건들의 기록이다. 환자의 삶과 그 삶의 독자성과 권위, 비로소 만나고 발견하게 된 사랑과 감사에 대한 기억과 성찰, 세상과 타자들에 대해서 눈 떠진 사유들, 혹은 그냥 무연히 눈앞으로 마음 곁으로 오고 가고 또 다가와서 떠나는 무의미한 순간들이 그 기록의 내용들이다. 폴 발레리와 롤랑 바르트가 쓰고 싶어 했던 모종의 책처럼 이 기록은 오로지 나만을 위해 써진 사적인 글들이다. 이 글은 때문에 책의 자격이 없다. 하지만 한 개체의 내면 특히 그 개인성이 위기에 처한 상황 속 개인의 내면은 또한 객관성의 영역과 필연적으로 겹치기도 하는 것이 아닐까. 가장 사적인 기록을 공적인 매개물인 한 권의 책으로 묶어보고 싶은 변명일 수도 있겠다. 하지만 이 책이 나와

비슷하거나 또 다른 방식으로 존재의 위기에 처한 이들에 조금이나마 성찰과 위안의 독서가 될 수 있다면 그것이 반드시 변명만은 아니리라.

아침의 피아노
ⓒ 김진영 2025

초판 1쇄 발행 2018년 10월 5일
초판 11쇄 발행 2023년 7월 20일
개정판 1쇄 인쇄 2025년 5월 15일
개정판 1쇄 발행 2025년 5월 20일

지은이 김진영
펴낸이 유강문
문학팀 최해경 박선우 박지호
마케팅 김한성 조재성 박신영 김애린 오민정

펴낸곳 (주)한겨레엔 www.hanibook.co.kr
등록 2006년 1월 4일 제313-2006-00003호
주소 서울시 마포구 창전로 70 (신수동) 화수목빌딩 5층
전화 02-6383-1602~3
팩스 02-6383-1610
대표메일 munhak@hanien.co.kr

ISBN 979-11-7213-260-6 03810

* 값은 뒤표지에 있습니다.
* 파본은 구입하신 서점에서 바꾸어 드립니다.
* 이 책의 내용 일부 또는 전부를 재사용하려면 반드시 저작권자와 (주)한겨레엔 양측의 동의를 얻어야 합니다.